长期主义系列

价值共创

商业伦理的力量

Value co-creation

The power of business ethics

王小亮　张漫漫　张武　李琳 / 著

企业管理出版社
ENTERPRISE MANAGEMENT PUBLISHING HOUSE

图书在版编目（CIP）数据

价值共创：商业伦理的力量 / 王小亮等著. —北京：企业管理出版社，2022.5
ISBN 978-7-5164-2536-7

Ⅰ. ①价… Ⅱ. ①王… Ⅲ. ①商业道德—研究 Ⅳ. ① F718

中国版本图书馆 CIP 数据核字（2021）第 264810 号

书　　名：价值共创：商业伦理的力量
书　　号：ISBN 978-7-5164-2536-7
作　　者：王小亮　张漫漫　张　武　李　琳
责任编辑：尤　颖　田　天
出版发行：企业管理出版社
经　　销：新华书店
地　　址：北京市海淀区紫竹院南路 17 号　　邮　　编：100048
网　　址：http://www.emph.cn　　电子信箱：emph001@163.com
电　　话：编辑部（010）68701638　　发行部（010）68701816
印　　刷：河北宝昌佳彩印刷有限公司
版　　次：2022 年 5 月第 1 版
印　　次：2022 年 5 月第 1 次印刷
开　　本：710mm × 1000mm　1/16
印　　张：14.25 印张
字　　数：168 千字
定　　价：68.00 元

前言

PREFACE

凭良心做人，是人类社会不分种族、不分地域、无论何时都高度统一的社会公理，它被认为是一个正常人的道德合格证，也是天下父母对子女教养的首要课程，更是社会对其成员的要求底线。它属于人格底线的范畴，即使有“坏人”“小人”做出有悖该公理的言行，他们也不愿承认自己做人出了问题。

凭良心做事，同样是社会对人从事一切活动的基本要求，是各行各业要求从业人员应该具备的职业操守的核心内容。日常人们在交友、选择合作伙伴，或在人员招聘时，常常会将此作为主要的判断指标。

凭良心赚钱，即“君子爱财，取之有道”，是从“凭良心做事”中分离出来的对具体事项的道德要求。然而，当良心遇到金钱时，虽说“讲良心”事关人的道德伦理，但许多人会认为“金钱”事关人的生存，一旦两者出现矛盾时，孰重孰轻就是一个让人纠结的问题。商业伦理就是因此而产生的伦理思考。

看看无处不在的媒体信息，其中就有大量的不道德的商业事件。而在我们的现实生活里，也时常会有让人不愉快的有关钱的事情发生。居然这么巧，笔者行文至此的时刻，就接到一个朋友的电话，电话中他颇为愤怒地说起了自己的烦恼——关于借钱与还钱之事。虽然不方便在此写明其事，但确乎事关商业伦理。

古往今来，伦理、信用就是商业活动的前提和基础，在商业交易中，如果买卖双方没有规则的共识和交易者可靠的信用，就难以成交。在商业活动中一旦出现伦理问题，其后果及影响也往往会超出单一的交易范畴。本书尝试从商业伦理的影响力角度来说明其重要性。

本书从商业伦理问题的提出开始，逐步谈到了商业伦理的未来。由“义”“利”之争延伸开来，进而探讨人性的本源，明确提出“人之初，性本私”的观点。同时认为，不能把“私”与“恶”简单地等同起来，因为“私”并不等于必然损人。应由人性的自私性与人类个体间的相互依赖性来看彼此之间的相互作用，直至形成道德伦理的基本定义。以东西方各自的商业伦理实践来比较农业社会与商业社会、工业社会的商业伦理观的差异，从中可以看出社会文化底色对地缘经济的影响，以及不同的社会文化认知对社会伦理观形成的作用，一个社会的道德伦理标准也决定着这个社会的商业伦理观。

通过对商业伦理学形成过程的介绍，进而讨论什么是社会公正，因为公平、公正是商业伦理的主要表现形式。本书将阐述道德伦理与法律之间的关系及不同，指出社会舆论背负着道德伦理的公共责任，并讨论在公正及自然法则面前，金钱的边界应该在哪里。同时，明确指出道德伦理本身不能沦为金钱的购买对象。

本书介绍了部分成功企业及问题企业的案例，让我们看到商业伦理并不是难以运用的说教，它既是企业的良心选择，也会为企业提供强大的人因力量。而在商业伦理缺失的企业和市场里，道德底线的失守和伦理约束的缺失，使得一切的“恶”皆成为可能。无须外来力量，“恶”的自我作为，就足以消亡自我。所以，商业伦理这股“看不见”的道德力量是真真切切地存在的，它是商业活动的前提条件，更是商业固有属性的组成部分。它和另一只“看不见的手”（市场经济规律）共同左右着企业和商人的起起伏伏。在商业及商人们未来的路途上，商业伦理仍然起着极为重要的指引作用，它是“商道”的灵魂。所谓“术易学，而道难通”，对于商业而言，商业伦理即为其“道”。识者知其重，不识者谓其虚。此乃得“道”与得“术”之区别。

几个月前接到深圳的一通电话，从电话那端传来了余来文教授的建议：可否考虑写商业伦理。由此，笔者开始了本书的写作。由于受到本人学识、能力的限制，难免会有不成其论之说或引用不当之处，还请阅者海涵。在本书的编写过程中，通过对许多书籍、网站及相关文献资料的学习、消化，参考了国内外许多专家学者的研究成果，在本书中也进行了相关的引用、借鉴和吸收，我们将尽可能地在参考文献中依次列出。由于时间仓促，未能与有关作者一一联系，敬请谅解！在此对这些成果的作者们深表感谢！

非常感谢余来文教授促成本书的写作，以及对本书的框架及有关方面的指导。

真诚希望本书能对从事商业经营及管理的同行起到有益的作用，因为商业伦理的价值在于认同与实践。更欢迎各位专家学者与广大读者的批评指正。如您希望进行沟通、交流，请直接与我们联系。

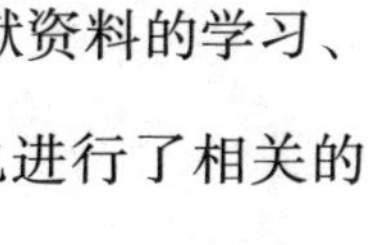

2021 年 9 月 12 日于广州

目
CONTENTS
录

01

第一章

商业伦理的缘起

孔子曰：“富而可求也，虽执鞭之士，吾亦为之。”

“不义而富且贵，于我如浮云。”

（《论语·述而》）

本章综述

商业伦理因存在利己、利他的内在矛盾而困惑于世，一方面它受到人性本能的驱使，另一方面又受到达成交易所需互信的约束，是典型的对立统一的概念。人之初的本性为何的问题，并非在于“善”“恶”之争，而应该是生命体的自然逻辑使然。

伦理和道德的重要性在于它们是人性天生的自然反映，也是人类群居的必然要求，是维系人类社会的核心力量。

中国传统文化对商业活动的看法是农本社会的经济基础使然，虽然中国传统商业群体中不乏上佳表现，但商人仍长期处于社会政治地位的底层，商业经济也长期受到压抑，导致中国封建社会商业经济和工业化无法自由发展。工业化的兴起与发展是依赖于商业基础的，西方古典经济学的兴起和影响，是西方工商业得以发展的另一种诠释。

第一节　商业伦理之问：君子不言利

一、商业伦理的矛盾

大家知道商业本意是指做买卖、做生意，是以赚钱为目的的交易活动，是通过买卖来获取自身利益的人类活动。商业也泛指一切以获取利润为目的，为顾客提供所需商品和服务的行为，其本质都是追求利润，甚至还有观点认为，追求利润的最大化就是企业的核心目标。这都说明商业活动的目的和行为是具有利己性的。而伦理的意义在于对道德的维护，它要求人们的行为具有利他性。所以，单从词语的字面上看，“商业伦理”就似乎暗含着一种矛盾，就是伦理的利他性与逐利的利己性之间的内在冲突。

专栏 1-1

一件小事

这是一件发生在笔者身边的真实事情，也是许多家庭生活中可能会发生的事。

前段时间，有位亲戚见家人工作学习都很辛苦，于是便决定做一顿丰盛的午餐慰劳大家。在一个周末的大清早，他直奔菜场买了许多肉、菜回来，进家到厨房后，立即忙碌起来。到了中午，一盘盘美味的菜肴上桌，一时间“满桌艳阳，一屋香气”，大家都开开心心地入席准备开吃。其中有一道秘制的盐焗鸡尤其香气四溢，小朋友们开始迫不及待地纷纷找鸡腿吃。但是，找来找去发现只有一只鸡腿，于是大家一起再找，结果发现鸡翅居然也只有一只。

在大家奇怪为什么不是一整只鸡时，家里的“主厨”忽然想起什么似的，恍然大悟地说道：“我明白了！肯定是买鸡的时候，我让商家帮忙将鸡斩成块，自己低头用手机进行扫码付款时，其他的鸡块被商家趁机私吞了。难怪烹饪的时候，我觉得鸡肉好像比以前的少。”她懊恼地说。本来“艳阳高照”的午餐气氛立刻转成了“阴天”……而时至今日，一家人也很少再提做盐焗鸡了，甚至再去菜场时，那位亲戚也会刻意绕开那家鸡档，不再光顾。

（资料来源：笔者根据亲身经历整理而成）

案例启示：

可见商业伦理问题决不仅是书本里的概念，它也是我们生活中常常遇见的现实问题。许多有悖商业伦理的行为，起初看上去是一件很小的事情，然而其作用之大、影响之远往往又出乎人们的意料。

笔者和朋友闲聊时，曾经把上述案例讲给他。朋友说：“这件事很正常啊，我也经常碰到这样的事情。”他讲了一个他们家维修空调的事。一年夏天天气非常热，他发现空调吹出来的风不凉了，就打了维修电话，请维修师傅上门维修。维修师傅很快就来了，双方交流的第一个问题就是对方问：“这个空调已经过了保修期吧，我是了解到过了保修期才来修的。”当时朋友觉得很奇怪，为什么会这么说呢？得到确认并谈好高空作业费后，维修师傅爬出窗外开始修空调。过了一会儿，师傅说空调主机板芯片坏了要拿回去修，朋友就问他大概多少钱，师傅说大概要 380 元。结果第二天拿回来装上以后还是不行，还是故障状态，这时这个维修师傅又说是主机板不行了，要整个换掉，要收 650 元。最后，朋友也没办法，只能换了，但他留了个心眼，悄悄把旧板两面都拍了照。等到来装的那一天，他发现主机板并没有更换，用的还是旧板。但维修师傅坚持说换了，还是收了他 650 元。朋友说完后，不禁发出感慨：“现在商业还有伦理吗？每个人都需要钱，但赚钱又不容易，在利益和良知面前到底有多少人会放弃前者？我个人理解，商业就是要赚别人的钱，现在许多人不都是一切为了钱？谈商业伦理会不会太书生气了，它能有多少现实意义？”笔者听着他愤愤不平的言论，望着楼下停放的一排排车辆，一阵烦恼不禁涌上心头：近期小区开发商为了卖车位，将原以出租方式经营的车位全部收回，只卖不租。许多住户一时无处停车，每天回家找车位成了例行的烦恼。这让人再一次感到，在这样的商业社会里，大多数人日常生活的目标就是谋求和实现个体利益。商业活动中无论事情有多小，可一旦商业伦理出了问题，其影响很可能会超出事件本身。由于维系每个人和家庭生活的基础就是通过劳动交换获得的收益，绝大多数人工作的首要目的就是养家糊口，商业活动中的是非曲直、行为规则、价值理念都会影响每一个参与者，所以商业价值及其伦理观也必然会外溢，直至影响整个社会的价值观及伦理观。对于一个文明社会来说，伦理道德不应该仅是一种说教或舆论，它更应该是付诸实施的行为规范和商业活动中的自律准则。相对于人们对经济利益的追求，在经济活动中遵守商业伦理是保持社会良性运作的基础。这也恰好说明了虽然存在矛盾，但讨论商业伦理是非常必要的，因为我们的社会需要商业伦理的支撑。

此外，经商的朋友都会感到，在商业活动的日常交流中很少有人会直接谈到商业伦理的话题，因为商业伦理的话题会让人觉得过于严肃或者理论化。商业活动的初衷就是谋求己方利益，所谓“天下熙熙，皆为利来；天下攘攘，皆为利往”。商场上讨论伦理问题难免令人尴尬，所以有的人会有意回避这个话题。例如，在同事之间、商业合作方之间，大家都尽可能不谈这类事，以免引起是非和不必要的争议。但事实上涉及伦理道德的问题却是极为常见的，只是在多数情况下，大家在谈论时仅对具体的事件进行评议，极少去涉及伦理层面。例如，企业和个人的信用问题、市场上客户投诉、商业贿赂、应收款纠纷等问题，又如企业内部人事任用与调动、日常考核等，都会引起是否公平、是非对错等问题，这类问题对每个个体的影响往往远大于其他更为显性的问题所带来的后果。有些问题甚至会变成社会问题，有些涉及违法，有些会产生大量的内耗。所以，在商业实践中何为道德、何为义中取利，或何种获利属不义之财、能否知行合一等问题都说明商业伦理的矛盾和问题不仅仅是字面上的，更是商业活动中广泛存在的，是无法视而不见的现实。

二、中国传统文化对商业的看法

“君子不言利”，是中国人日常生活中经常会出现的一种关于“君子”

的说词。它源于孟子见梁惠王时的对话。

孟子，名轲（约公元前 372 年—公元前 289 年），是鲁国权贵孟孙氏的后裔。著名的思想家、教育家、政治家，被后世尊为“亚圣”。孟子曾师从孔子之孙子思的门人，并在原有儒家思想的基础上形成了自己新的儒学见解，他最早提出了“民贵君轻”的思想，宣扬“仁政”，并率领一众弟子出游各国。据《孟子》记载，梁惠王见到孟子时即问：“叟，不远千里而来，亦将有以利吾国乎？”孟子对曰：“王何必曰利？亦有仁义而已矣。”可见远在战国时期，像梁惠王这样的一国之君念兹在兹的也是国之利、王之利的利益问题。事实上，绝大多数国君也都认为富国强军之道在于获取更多的利益。然而孟子以其所谓养浩然之气的君子之气，置仁义于首位。孟子认为：“苟为后义而先利，不夺不餍。未有仁而遗其亲者也，未有义而后其君者也。王亦曰仁义而已矣，何必曰利？”

综观中国几千年的文化史，在以农耕文化为主流的社会里，社会被分为士、农、工、商四个阶层，层次最低的就是商人。农业是解决人们基本生命需求的最为基础的产业，在《管子·小匡》中就有“士农工商四民者，国之石民也”的说法。而商人的商业活动是通过拿他人的东西去进行交易来获利的，是利用地域差及信息不对称来赚钱，进而被认为是不劳而获的。再加上确有商人具有贪婪本性，表现出唯利是图，因而遭到社会的排斥，使其政治地位偏低，被认为是不讲人性和道德的欺诈奸猾之辈，因此在大众口中就有无商不奸的极端说法。由此也可以看出，商人的社会地位低下并不是因为群体违法，大众的负面评价都属于道德伦理范畴，是社会的大众伦理观对商业营利行为和结果的评判，是农本精神对商业贸易价值的低估和对商业经营的道德评判。我国自改革开放以来受到了史无前例的商业洗礼，经历了“全民经商”的历史过程，在这个过程中出现了八仙过海各显神通的商业活动，同时也产生了许多的商业伦理问题，商业贸易的价值观及相应的行为准则也是逐步通过社会实践才得到认可和规范的。这些发展历程其实就是当代中国商业伦理观的形成和发展过程。从世界范围来看，商业发展史就是一部商业伦理观的进化史。

第二节　中国传统文化中“人之初”的性本观

一、性本观的人性遵循

在讨论伦理道德之前，首先要搞清楚人的本性是什么。人的本性指的是人类的天性，是人与生俱来的感情和理性，包括心理的天性和生理的天性。狭义上的人性是指人有别于其他动物的先天的心理属性，广义上的人性包括人与其他动物所共有的生理属性。中国传统文化中就有“人之初”的提法，这里性本观指的是人先天而来的心理天性。《中庸》中就有“天命之谓性，率性之谓道，修道之谓教”的说法，意思是说人的本性来源于天命，天命难违，是天赋予人的本性。我们知道，人和地球上一切生物一样，都是大自然运动、变化及进化的产物，所以从根本上来讲，都应该符合大自然的自然法则，人类的生存与发展也必须顺应自然界发展的规律。早在 19 世纪，英国博物学家查理·罗伯特·达尔文为了更多地了解世界，曾经乘坐英国“贝格尔号”军舰做了长达五年的环球航行。在航行中他收集了各种动植物和有关地质结构的资料，并进行了大量的观察和深入的思考，最终于 1859 年出版了《物种起源》一书。在这本书中，达尔文首次提出了生物进化论的学说，并论证了地球上一切生命和物种的生命形态及其性能其实都是因环境变化而不停进化的结果。各种生命体根据所处的自然环境的变化，为适应环境而被迫进行着生存努力，不断地进行着生命的进化，即所谓的“适者生存”。一部物种的进化史，实际上也是各物种在不断变化的自然界中求生的历史。可以说达尔文的进化论也证明了是自然法则在主宰着天命。人类的天命同样是大自然运动变化的产物，也必然在进化过程中不断地去适应自然界的各种演变。恩格斯曾将达尔文的进化论列为 19 世纪自然科学界的三大发现之一。时至今日，科学界各学科的研究一再证明不仅是地表生命的进化，就连生命的起源也都是物质运动的结果。由于地表特有的自然条件，随着物质的不断运动，在经历几十亿年后最终演化出了具有生命特征的物质。

两千多年前，老子就曾经说过：“人法地，地法天，天法道，道法自然。”当年既无科学理论又无科学发现的物证，老子天才地认识到了人与自然的因果关系。老子还提出了天地之始的自然“道”的形态：“有物混成，先天地生，寂兮寥兮，独立而不改，周行而不殆，可以为天地母。吾不知其名，字之曰道，强为之名曰大。”经历了两千多年的人类探索和科学论证，直到今天人们才形成了宇宙大爆炸的推论，认为宇宙万物很可能起源于大约 137 亿年前的一次大爆炸。在大爆炸之前，宇宙里的所有物质和能量都聚集在一个体积很小、温度极高、密度极大的奇点，瞬间爆炸后，温度下降，物质随即产生并不断膨胀，形成了现在呈现在我们面前的宇宙。大爆炸前的奇点确是万物混成、先宇宙而生，所谓“有物混成，先天地生”的；发生爆炸就说明其之前是处在运动变化的，因为爆炸就是运动变化的结果，所谓“周行而不殆”；而奇点之外毫无物质的广大的宇宙空间必定是无声且极冷的，所谓“寂兮廖兮”；奇点运行所遵循或创造出的自然法则就是天道，由天道而产生万物，所谓“可以为天地母。吾不知其名，字之曰道，强为之名曰大”；天道不变，所谓“独立而不改”。当年老子即有如此的认知及描述，这是何等的伟大。

所以人性本身就是自然法则产生的一个结果，肯定要符合自然的规律和原理。如果不按照这个做，就是我们说的逆天而为，那人类是很难生存下去的。同样，人类社会的伦理道德观也要符合自然规律和自然法则。人性又包含着人的感性和理性两个部分，理性是智慧部分，其顺应自然规律是好理解的。至于感性部分，《中庸》中就有“喜怒哀乐之未发，谓之中；发而皆中节，谓之和。中也者，天下之大本也；和也者，天下之达道也。致中和，天地位焉，万物育焉”之说，其中所说“天下之大之达道也”，指的是自然平衡的原生态和依照天道而为。所以，人的感性也同样是顺天而行的。

二、“性本善”的天良之说

读过《三字经》的人都知道“人之初，性本善”这个说法来源于孟子的思想，也是传统教育中关于性本观的主流说法。中国当代著名的哲学家、教育家冯友兰把孟子学派划定为儒家的理想主义派。孟子一直强调人的本性是善的，但跟孟子同时代的还有一位哲学家叫告子，告子就认为人性既不善又不恶。在《孟子・告子上》篇中就有：“告子曰：‘性忧湍水也，决诸东方则东流，决诸西方则西流。人性之无分于善不善也，犹水之无分于东西也。’孟子曰：‘水信无分于东西。无分于上下乎？人性之善也，犹水之就下也。人无有不善，水无有不下。’”可见孟子将人性的善和水往低处流均看作自然属性。又有“孟子曰：‘乃若其情，则可以为善矣，乃所谓善也。若夫为不善，非才之罪也。恻隐之心，人皆有之；羞恶之心，人皆有之；恭敬之心，人皆有之；是非之心，人皆有之。恻隐之心，仁也；羞恶之心，义也；恭敬之心，礼也；是非之心，智也。仁义礼智，非由外铄我也，我固有之也，弗思耳矣。’”《孟子·公孙丑上》中也有：“孟子曰：‘所以谓人皆有不忍人之心者，今日乍见孺子将入于井，皆有怵惕恻隐之心。……无恻隐之心，非人也；无羞恶之心，非人也；无辞让之心，非人也；无是非之心，非人也。恻隐之心，仁之端也；羞恶之心，义之端也；辞让之心，礼之端也；是非之心，智之端也。人之有是四端也，犹其有四体也。’”从以上论断可以看出，孟子认为人与生俱来皆有四心，由此四心引出四端，由此四端引出四种常德，就是我们说的仁、义、礼、智，而且认为这些德性都是与生俱来的，所以他的结论就是“人之初，性本善”。这些善都是人与生俱来的，由天命所赋，是所谓的天良。中国古代就有一些本性善良的例子。

专栏 1-2

屈原和孙叔敖的故事

大家都知道屈原是中国古代著名的爱国主义诗人，小时候的屈原就是一个有爱心的孩子。屈原是贵族出身，自是衣食无忧，但小时候的他在看到家乡的老百姓吃不饱、穿不暖、沿街乞讨时，会伤心地落下眼泪。

突然有一天，屈原家门口前的大石头缝里流出了许多雪白的大米，老百姓们知道后赶忙都来把米背回家，看到这“从天而降”的大米，大家都非常的高兴。与此同时，屈原的父亲发现家里的大米却不断地在变少，终于有一天，父亲发现夜里屈原将家里的大米悄悄地背出去，并把这些大米倒在了石缝里，这下父亲知道家里大米变少的原因了。乡亲们知道了真相，都非常感动，纷纷竖起大拇指夸赞屈原。事后父亲没有责骂屈原，只是告诉他，咱家的大米是有限的，要想解决百姓们的吃饭问题，那你就要好好读书，将来有本事后治理好国家，才能彻底地解决这个问题。听了这番话，屈原更加下功夫读书。后来，他终于因为自己的才能而被看重，任大夫，参与国家的治理。

另一个是楚国历史上的治水名人孙叔敖杀蛇的故事。孙叔敖小时候，就被认为是一个有礼貌、孝敬长辈、品行优良的好孩子。有一天，孙叔敖正在外面玩儿，突然发现地上有一条双头蛇在爬，这可把他吓坏了，因为他曾听人说，谁要是碰见双头蛇，谁就会很快死去。他想，可不能再让别人看见了。想到这里，他捡起石块用力打死了这条蛇，并挖了一个坑把它深深地埋了起来。回家后，想到自己很快会死去，孙叔敖又是害怕又是难受，饭也吃不下。母亲发现后连忙问他到底发生了什么事，在母亲的一再追问下，孙叔敖终于向母亲哭诉了事情的经过。母亲听了以后笑着安慰他：“好孩子，你的心这么善良，为了保护别人打死了蛇，还把它埋了起来，好人一定会有好报，你就放心吧，老天爷不会让好人死的。”听了母亲一番安慰的话，孙叔敖终于破涕为笑放下心来吃饭了。

（资料来源：笔者根据多方资料整理而成）

案例启示：

虽然这些故事表现出人在孩提时期确有善举，但这些个别事例并不能说明“性本善”的普遍性，也不能说明在其他方面就不存在恶的行为。同时，孟子也承认“人之初”有非善的一面，但他认为那是人与其他动物的共性，而非人独有的属性，所以客观上一个完全善的原生人是不存在的。

三、“性本恶”的后天修善之说

“人之初，性本恶”是由荀子提出的。荀子名况，字卿，战国末期赵国人，是先秦时代百家争鸣的集大成者，是著名的思想家、哲学家、教育家，是儒家学派代表人物，被后世称为“后圣”。中国当代著名哲学家冯友兰将荀子学派概括为儒家的现实主义派。在先秦时代儒家有三个最有名的代表人物：孔子、孟子、荀子。

我们知道当年各诸侯国为竞争之需要，争相招揽天下之贤士。那个时期的齐国国君非常重视人才和教育，专门在国都的西门附近建立了一个研究机构，因为这个西门当时叫做稷门，这个学术机构也被称为“稷下学宫”。该学宫成立后确实吸引了不少各国的学子纷纷前来交流学习，一时间可谓名扬天下。当年这个稷下学宫里最著名的学者都被称为稷下学者。《史记·孟子荀卿列传》中就有当时齐王对这些学者“皆命曰列大夫，为开第康庄之衢，高门大屋，尊宠之。揽天下诸侯宾客，言齐能致天下贤士也”的记载。当年已有很高名望的荀子曾三次担任了齐国稷下学宫的祭酒，也有不少后来出名的政治家，都曾在这里学习过。荀子晚年时来到兰陵县居住，开始将自己的学术思想传授给学生，并整理学说著书传世。

作为一位儒学大师，荀子充分吸收了正统的儒家思想和学说，同时也批判性地提出了自己的观点。此外，他也接受了许多法家的思想和观点，进而建立了独到的自家学说。他尊崇礼义、兼讲法治，主张社会治理要礼法并施，各国的竞争既要高举王道之旗，也要逞霸道之势。他反对人们对鬼神的迷信，以及听天由命的思想，提出了制天命而用之的观点，强调人不应该消极地顺天，而应该了解并掌握自然规律，更多地发挥自身的主观能动性，并提出了“人之初，性本恶”的性恶论。

仅从表面来看，荀子的性恶学说跟孟子的性善学说是对立的，孟子对人性是褒扬的，似乎荀子是低估了人性，因为他认为人性恶。但实际上，荀子的观点是凡是善的、有价值的东西都是人努力的结果。也就是说，人需要通过后天修心修德来达到“善”的文明层次，人类的善良是修行的产物，这些优质的价值来自文化的力量，而文化是人创造的。正是因为这一点，才说明人在宇宙中，与天地有着同等的重要性。荀子在《天论》里讲道：“天有其时，地有其财，人有其治，夫是谓之能参。”荀子认为宇宙中有三种势力，即天、地、人，它们各有自己的不同职分。天有四个节气变化，地有富饶的物产，人有智慧和认识自然规律的智力及利用规律治理天下的能力。所以说，荀子将人的地位放到了与天地同等的地位。

关于人性的发展，在前面我们也都看到了孟子的观点，就是说人有与生俱来的“仁、义、礼、智”四端，所以只要顺着四端发展，人皆可以为尧舜，都可以成为圣人。荀子的观点是，人不仅生来毫无善端，相反倒是具有实际的恶端。他认为人一生下来，本来就有追求自身利益及快乐的本能，但是他也认为除了这个恶端以外，人还有智能，就是我们说的智慧，有这个能力就可以使人向善。所以，他在《荀子·性恶》中说："涂之人也，皆有可以知仁义法正之质，皆有可以能仁义法正之具；然则其可以为禹明矣。"这与孟子之说有着异曲同工之妙。孟子认为人皆可以成为尧舜，因为人本来就是善的，所以顺着这个善念，顺着这个人的天性，自然就能成为圣人。而荀子所提的观点是，"涂之人"可以为禹，是因为人本来就是具有智慧的，这是人先天具有的禀性。因为有智就会追求后天的学习和修炼，通过后天的学习和修炼可以将自己提高成为像禹一样的圣人。人是靠智来抑制、摒弃本性中的恶的。"恶"是指对他人造成严重伤害的念想和行为，而人之初并不以此为目标及第一性，所以世界上也并不存在一个完全为恶的原生人。

四、人性的自我维护性

孟子认为"人之初，性本善"；荀子认为"人之初，性本恶"；告子认为人之初，不善也不恶；还有观点是人之初，既可善，也可恶。那么，到底人的本性为何？在中国哲学史上，这历来是争论最激烈的问题之一。本书认为，人之初的善恶之说均不准确，因为善恶并非人性的本源。因为人自出生之后，他言行的初衷及产生的后果都会有一部分是善的，有一部分是恶的，所以善恶并不是与生俱来的唯一本真，也不是人性中最关键的那一点，所谓"善"或"恶"是社会道德伦理对其效果的评判及分类。对社会有益的属"善"，反之属"恶"。之所以要抑"恶"扬"善"，是由人的社会属性决定的。人类属于群居的生物，人在自然界中是需要依赖他人对自己的支持才能生存下来的。发展到今天，人类的衣食住行都更加有赖于他人的支持。因此，人类的社会合作能力就是自身生存的基础，人必须要学会在社会中与他人的相处之道。利他性的“善”就是良性的相处之道。所以说扬“善”是必须的，每个人都有生存所需的利他性。同理，抑“恶”自然也是必须的。所以“善”是人类生存的必须，却并不是因为它是人的本性。

从生命的本性上来讲，一切生命体从诞生开始，与生俱来的本性必须是也肯定是要保持自我生命的存活，就是有自我维系生命的本能。要做对生命有益的事，回避一切伤害自身生命的事，这应该是很自然的法则。所以说，一切生命体的本性一定是对其自己有利的才去思、才去想、才去追求，否则，就无法生存。从这个角度出发，作为一个生命体，人的本性也应该属“私”，也就是“人之初，性本私”。如果一定要把人和其他生物区别来看，将这一切非善的生命本性都当作非人性的生物本性，那就是把人的社会标准放到了自然法则之前了。抑或将“恶”作为人的本性，也是把人的社会标准放到了自然法则之前。后者的认知认定自利、自私必然是损人的、是“恶”的，这都是片面的观点。比如出于对自身健康的考虑而不吸烟、加强自身锻炼，又如出于对自身的安全考虑减少夜晚外出等，虽是自利的行为，但并不损人。此外，将利他性看作人类独有的秉性也是说不过去的，因为即使在其他物种中，也有对同血缘、同类或其他生物产生的一种关怀关爱，也会产生相应的利他之心。从人与其他物种的交往中来看，养过宠物的人应该知道人和宠物之间同样会产生情感交流，如主人和狗之间，不光在人身上会产生情感，在狗身上也会有，甚至为了主人它也能牺牲自己的生命。所以，将“善”作为人类独有的秉性，并以此来认为“人之初，性本善”是有点武断的，或者说是非常理想的人本主义。而“人之初，性本恶”也一样有失偏颇，因为自私未必一定是恶的，因为自私本身的初衷和产生出来的一些言行不一定是对他体有伤害的。

谈到感性需求方面，虽然人类的情感世界有可能比地球上其他物种要丰富，但不能说利他性的情感只是人类独有的。如果一定要找出人类与其他物种最大的不同本性，应该是人的智慧和道德伦理感及宗教意识吧。

可见“人之初，性本私”是生命所固有的特征，又因为人的社会属性决定了人必须要具有利他性的社会意识和品德，这就要通过不断地进行道德情操方面的修炼去提升天性中“善”的部分，这将决定人类社会伦理道德的取向。

第三节 商业伦理的概念

一、伦理的定义

商业伦理的说法起源于西方，其中英语中“伦理”（ethic）这个单词起源于希腊文，是指人们惯常的住所，或指共同的居住地。亚里士多德，古希腊人，世界古代史上伟大的哲学家、科学家、教育家之一，堪称希腊哲学的集大成者，他开始首先使用形容词 ethikos，就有了表示一种“伦理的”“德行的”的意思。后来日本学者在翻译英文 ethics 时，借用中文古汉语，将其译为“伦理”。

汉语中伦理最早出现在《礼记·乐记》里的一句话：“乐者，通伦理者也。”从单字上来讲,《说文解字》中“伦，从人，仑声，辈也”，是指在血缘关系中人和人之间上下承接的一种辈分的划分，如和父亲同一代的就是父辈，父亲上一代的就是祖辈，和孙子同一代的就是孙子辈。这个辈的概念也含有不能搞错的辈分等级，是自然形成的血缘先后关系，是天命的结果，是人们之间不能逾越的规矩。

那么，这个“伦”字指的就是人与人相处的规范，是一种人性规范。这个规范并不仅仅是一个法律概念，也不仅是我们经过教育之后的一种规范，更是人类本性中的一种规范，所以它从属于天性。再说伦理中的这个“理”字。《说文解字》说：“理，从玉，里声，治玉也。”从古至今，历代玉石加工的工匠们，都会依照每块玉石的自然形态及材质，顺着它的纹路去加工，所以它里头就含有顺其内在规律的意思。“理”表示事物的内在规律及准则。我们在自然科学中经常讲的定理的“理”，日常中所讲的道理的“理”，其实都是这个意思，指的是事物内在自有的规律及准则。那么，“伦理”这两个字合在一起是个什么概念呢？首先，伦理讲的是人的规范而不是其他物种的规范；其次，是专指人与人之间的相处之道。我们知道人类在漫长的进化过程中不断地积累了许多风俗习惯及群体所需的行为规范，这些习惯和规范本身就起源于原始的人性和历代的经验教训，它们也是祖先智慧的结晶，是人们在社会实践中形成的一些约定俗成的规矩、规范。它与法律的刚性管理及宗教的刚性约束不同，是宗教和法律之外的社会软性约束，它的约束来源于自律和社会舆论。法律是建立在伦理基础之上的，而伦理覆盖的范畴要比法律宽泛。宗教的影响力来源于人的精神信仰，是属于提纲挈领式的领导力。而伦理呢，它来源于人的本性及生活实践的积累，是人类本性并经实践印证的结晶。所以说，伦理是指人的含社会风俗习惯的行为规范。

二、道德的定义

那么，伦理和道德有什么区别呢？让我们来看看道德的意思。在西方哲学界中，德国哲学家黑格尔认为，伦理是指社会的行为规范，道德是指个人的内在操守。在中国传统文化中，“道”和“德”原本是分开的，道德这个词组最早出现在《管子·君臣上》中所谓“道德定而民有轨矣”。

从字面上来看，“道”即“从首，首指头。道，头行走也”，就是脑袋带着人体走，就是意识带动身体。想去哪儿，实际上是大脑的意识，当大脑意识到要去东边，则会带着身体往东走，这是道的本意。延伸出来也指人行走遵循的规律，如我们常说的道路；也指言语遵循的规律，如说话的时候也用道。在哲学的领域里，“道”是指万事万物的必然性规律，是具有终极意义的概念，是指天道规律，而这个规律是不能更改的，也不是随机的，是必然性的规律。例如，人一定会死，就是必然性的规律，许多历代帝王都在寻求长生不老之方，但无论吃什么药、怎么养生，帝王们也不会成仙，更不可能永生。所以，生死是个必然性的规律。

“德”字从字面上从彳,《说文解字》说“德，升也”，是指通过顺应自然法则，而提升自己的品行。那这个品行指的是什么呢？指的是人类群居所需的利他性的自我修养。因为人之初、性本私，人性原本是利己的。但是利己的人性并非无善，也并非无恶。善、恶之心在利己的天性中均有存在。所谓“德”就是要将其中损人的恶念、恶行摒弃，将人类社会群居所需的利他的善心、善行树立起来。生活中有时我们会说某人缺德，劝他人别干缺德事。什么叫缺德，就是损人，为了逐利而损人利己。

一般认为，道德是指以善恶评价的方式调整人与人之间、个人与社会之间关系的行为规范总和，其目的在于扬善抑恶。因而道德首先是确定了善恶及是非的标准，其次是通过社会舆论等评价方式来建立真、善、美的社会环境。

三、商业伦理的定义

从西方的伦理学上看，道德是指个人的内在情操，是关于是非善恶的评判标准。伦理是针对道德开展的活动，伦理学就是对道德的规范性的研究。这就是我们说的伦理与道德的关系。那么具体到商业伦理学的定义，它是关于商业领域中道德对错的专门研究，是关于商业活动中伦理道德对错的评判。

此外，法律是道德的底线，是建立在道德伦理之上的社会的最基本守则。道德是指个人的内在操守，它鼓励自律，追求的是更高层面的标准，其规范的范畴涵盖法律并涉及人的意识层面及社会的公序良俗。

第四节 中国传统商业伦理的表现

一、老字号的商家

虽然在我国传统社会里商人的社会地位较低，但是仍然有众多商家受到社会的高度肯定，这里面都透露出我国传统的商业活动还是具有明显的道德理念的，其中最具代表性的就是一些闻名遐迩的老字号商家。

专栏 1-3

老字号"同仁堂"

北京著名的老字号中药店"同仁堂"创业于明永乐初年，当时乐氏家族第 26 世祖乐良才从宁波来到北京。乐良才起初是一位四处游走摇铃卖药的民间铃医，从他开始，乐家后人都从事铃医职业。由于铃医是流动的，他们治病就必须追求速效，唯有速效才能被认可，从而才能收到药钱，所以，他们的医术自成体系。直到乐显扬当上了清太医院的吏目，乐氏家族正式告别了铃医职业。

乐显扬一生致力于方药的钻研，从医苦学精练，拥有了深厚的医药学识和经验。他认为"可以养生，可以济世者，唯医药为最"，只有开设药铺，才可真正悬壶济世，才能将他毕生钻研的药材知识及修合之道贡献出来服务大众。1669年，乐显扬根据自家老铺中的镇堂之宝“铜人”的谐音，取了“同仁”这两个字，将乐家老铺改名为同仁堂药室。从此凡是这里出售的丸散，所用材料必求地道药材。他说：“‘同仁’二字可以命堂名，吾喜其公而雅，需志之。”从此，“同修仁德，济世养生”就成了同仁堂的“堂训”。中国北方人一提到同仁堂，都知道是乐家老铺，而且认为同仁堂的药料好、选精、靠得住。当年上自皇帝下至百姓，都认为同仁堂的出品最好。时至今日，同仁堂还是坚守初衷，信用卓著。这主要因为同仁堂在诞生之初有一个良好的基因，就是坚持真材实料、信用至上。后来，清朝的进士、礼部侍郎孙岳颁为同仁堂题写了牌匾，可惜遗失了。现在同仁堂的牌匾是由我国著名书法家启功先生书写的。

康熙二十七年（公元1688年），乐显扬去世前将同仁堂传给了其第三子乐凤鸣。乐凤鸣接管同仁堂后，坚守父亲的教诲，认真地经营祖业。直到1702年，乐凤鸣将父传的“同仁堂药室”迁到了北京前门外大栅栏，并改名“同仁堂药铺”。四年后，乐凤鸣通过总结前辈们留下的各种制药方法和经验，将所掌握的宫廷秘方及搜集到的民间药方，结合祖传的配方最终完成了《乐氏世代祖传丸散膏丹下料配方》一书。而且，他还在该书的序言中首次提出了“遵肘后、辨地产，炮制虽繁，必不敢省人工；品味虽贵必不敢减物力”的训条。时至今日，这一训条仍是同仁堂历代制药人都必须遵守的祖训。可见老字号的形成一定会有严格的经营规矩和行为要求，并约定历代子孙必须认真遵守。从中我们也能感到坚持一丝不苟的精神，坚守诚信的商业道德，除了具有伦理的思想之外，它也是商家确保自身市场地位，形成品牌优势的商业秘诀。所以，在同仁堂创办不久，因其配售药品疗效显著，声誉也随之俱增，终于博得朝廷赏识，在雍正元年负责供应皇宫御药。从此，同仁堂承担了提供宫廷用药的皇差，独办官药供应，直至清末，历经八代皇帝共188年之久。由于承担了御药供应，使同仁堂在制药业中获得了独此一家的亦官亦商的优势地位。

同仁堂店铺门口的设计与其他店铺不同。其他店铺门口都是顾客来时要向上走才能进店，而同仁堂在大门进口处修了个由外向内向下进来的台阶，顾客来时会由高下行。据说这种设计是希望顾客在看完病出门时，心情能由低转高，寓意病人吃了药后，能够早日康复。这样的店铺设计还真是非常少见，当然也有人说是风水方面的考虑。不管怎么样，如果事实真是前者，可见其商家颇懂得治病先治心的道理，更是懂得消费心理，用道经商显然比单一的用术经商要更加高明。

（资料来源：笔者根据多方资料整理而成）

案例启示：

从上述案例可以看出，中国传统商业中老字号的经营理念就已经有了道德伦理的思想，也懂得讲求商业伦理会给自己带来更多的商业利益。这类商家还会制定严格的管理制度，如设定体现货真价实、善待客户、以情促商的各种规矩，形成自我约束、自我管理的“店规”。它代表着较高的商业认知，商家也能据此获得满意的商业回报，最终使企业拥有“金字招牌”，形成非常难得的市场地位，得到社会的长期认可。

二、“商人”称谓的由来

距今3000多年前，周武王发兵经牧野之战一举攻下朝歌城，迫使商纣王自焚，商王朝灭亡，中国历史上历时最长的周王朝得以建立。但周武王感到商王朝在朝歌这个地区的影响还是根深蒂固的，为了控制这片土地，周武王以怀柔政策封了商纣王的儿子武庚，又让自己的三个弟弟把他围起来：在北边建立了一个邶国，封给文王的八子，就是他的第八个弟弟霍叔（姬处）；南边建立了鄘国，封给文王的五子蔡叔（姬度）；东边建立了卫国，封给文王的三子管叔（姬鲜），历史上也称为“三监”。周武王死后，成王继承王位。因成王才13岁，就由文王四子周公（姬旦）摄政。因其摄政权很大，周公又偶有天子语气，管叔及蔡叔等均不服。同时因为周公是排行第四子，管叔是排行第三子，也或有不服之情。这些人觉得周公要篡权，所以就跟武庚联合，开始造反。最终周公发兵把他们击败，杀了管叔和武庚，之后将商纣王的大哥微子启封在宋国，以承奉商朝宗祀。而大量的商朝臣民已经失去了土地，基本上是流离失所。商王朝祖先阏伯六世孙王亥能训牛拉车游走各地做买卖，商人善做买卖早已是传统。这时商朝臣民只能重操祖业游走各地做买卖，慢慢地，大家就把这些走街串巷做买卖的人称为商人，也就是说“商人＝买卖人”这个说法已经有3000年了。

三、儒家对商业的看法

现在有些人会拿《论语·里仁》篇里的“君子喻于义，小人喻于利”

作为孔子信利的证明。其实这是不对的。“君子喻于义”，实际上是说如果你要说服君子，就要跟君子讲道理，你要拿“义”来讲，从“义”的角度跟君子交流，他就能明白或接受。“小人喻于利”，是指如要说服小人，跟小人谈“义”是没有用的，跟小人谈“利益”他就听得懂，他也会接受利益的逻辑。只不过这句话中君子和小人是对立的，即主语是对立的，所以大家也就认为“义”“利”也是对立的。其实这是不对的，它只是告诉了我们君子和小人的特征。

在《论语·述而》篇里孔子也讲了两句非常有代表性的话。第一句是“富而可求也；虽执鞭之士，吾亦为之。如不可求，从吾所好。”就是说如果富贵是可以追求的，是通过正当方式获得的，那就算叫我给你赶马车，我都会做。可以看出，其实他对获取财富是不排斥的，只要有个正当职业，我能赚到钱，那我绝对会干。如果不能通过正当渠道获取财富，那就做符合我志向和喜好之事。第二句是“不义而富且贵，于我如浮云。”这句话的意思是如果通过不义的途径才能获得富和贵，那跟我没什么关系。于我如浮云，就像天上的浮云一样。也就是说孔子在对财富的追求、在做买卖经商这个问题上并不排斥，认为这是很正常的事。同样，大家看《史记·货殖列传》中司马迁对子贡、范蠡、白圭等许多儒商都做了记载和表彰，对经商的评价也很正面，如文中有“故曰：‘天下熙熙，皆为利来；天下攘攘，皆为利往。’夫千乘之王，万家之侯，百室之君，尚忧患贫，而况匹夫编户之民乎！”也就是说经商求利是很自然的事。虽然在中国传统社会中大众对商人有很多负面的看法，但真正具有商业伦理道德的大商人是以诚信为本的，所谓大商至诚。

在中国历史上，除了有许多优秀的商人被称为义商、儒商外，还包括前面所举的几位代表性人物，以及大家很熟悉的一些商帮，如徽商、晋商等。这些历代商帮秉承的是诚信为本、吃苦耐劳的进取精神，如其中的代表徽商，他们的精神可以概括为君子爱财取之有道。君子不拒绝财富，君子也爱财，然而取之有道。有道是什么意思呢？就是恪守取利的道德伦理。这些商帮之所以能成帮结队行走四海而经商，靠的还是社会的认可，并依此获得了长期的商业成功，所以能够传承有序、历经数代。有一点可能大家都会注意到，就是几乎所有的老字号企业，都秉承着“货真价实，诚信待客”这样的一个经营理念，如前面案例所介绍的同仁堂。而且它们能成为老字号，说明是历经几代人一直发展下来的，也就说明诚信会带来长期的竞争力。此外，这些商帮能够走南闯北，各种行业都渗透进去，也说明它具有更为广泛的发展空间。而仅靠那些小聪明、小奸滑虽说也能赚到一些钱，但持续不下去。即使是小本买卖，为什么说做街坊客的商家一般比较靠谱，也容易持久？一方面是你走不掉，所以你不诚信不行。另一方面正是因为讲诚信，街坊邻里才会持续来消费，生意就容易持久。也就是说，商业伦理并不是一个很虚的东西，它实际上是商业的基础。具有商业伦理的商家相较于唯利是图的商家，会具有更为广泛的发展空间及长期的竞争力。做生意关键是自己的目标是什么，是想挣快钱、干一票就走，还是追求持续发展的“长期粮票”和“安乐茶饭”，这是每一个经商之士必须想清楚的。如选后者，则必须建立正确的商业伦理观，并一以贯之。

第五节　西方古典经济学的伦理观

这一节我们谈一谈西方古典经济学中的伦理观。在西方古典经济学中比较有代表性的人物，是英国著名的道德哲学家和政治经济学家亚当·斯密。在建立起自己的政治经济学理论之前，亚当·斯密就开始研究和讨论人的道德情操。作为一个道德哲学家，他最早的著作是《道德情操论》。

人类是群居生活的社会性生物，商业是人类通过交易来获取所需的活动，它有赖于人们自愿的利益交换。所以，研究人与人相处之道，建立社会普遍认可的行为规范，是开展商业活动的前提。在《道德情操论》中，亚当·斯密首先关注的是人作为社会一份子的行为标准、道德评判标准及影响因素，最后阐述了伦理学的体系及法则。

亚当·斯密在书中写道："无论我们认为人类是多么自私，仍然有证据表明在人类的天性里有一些准则。在这些准则的引导下，个体开始关注他人的命运。就算看见的只是别人的快乐，他也能由此收获到快乐。人的遗憾心和同情心就来源于这样的准则。"在书中亚当·斯密又写道："善良的行为总是源自恰当的动机，因此总是值得赞赏。因为善行本身总是值得感激的，总能激发旁观者对感激的同情。邪恶的行为总是源自不恰当的动机，因此总是应当受到惩罚。因为恶行总是愤恨的对象，并能激发旁观者对愤恨的同情。"人类不同于其他生物之处，就在于其所具有的同情心，人类之间的良性互助是文明社会的基本表现。拥有正确的功过评判力的社会及具有公正和善行的社会公民，是人类文明持续发展的必需。在这样的社会中，人们与生俱来的私欲不仅会受到法律的约束，还会受到伦理道德的修正和监督，追求私欲的商业活动才能得到健康的发展。所谓“君子爱财，取之有道”。

之后，亚当·斯密于1776年写了《国富论》，进而使政治经济学成为一门独立的学科。亚当·斯密是西方古典经济学主张自由放任市场经济体系的杰出代表，他对政治经济学的基本原则有着最为全面的阐述。亚当·斯密认为劳动分工是生产力大幅提高的关键：“由于肯定能用自己的劳动产品的剩余部分去交换自己所需要的别人的劳动产品的剩余部分，这就鼓励大家从事一种专门的职业，并培养和完善他们从事这一职业所具备的才能或天资。”

劳动分工导致了相同数量的人能够完成的工作数量的极大增加。其原因有三：第一，劳动者的技巧及熟练程度因为专业而迅速提高；第二，节省了从一种工作转移至另一种工作的时间损失；第三，大量机器的发明便利和简化了劳动，使一个人能够干多个人的活。可见，工业革命的进步不仅促进了劳动分工，而且劳动分工也极大地刺激了生产力的发展。同时，由于劳动分工成为商业活动的基本业态，因而专业化分工后的分工协作也成为了社会就业岗位素养的一部分。由此开始，社会也就有了尊重各专业人士提供的产品和服务的共识。上述这些都是当初商业伦理的组成部分。可以看出，不同时期的商业伦理观都是该时期商业活动中价值观的反映。

亚当·斯密还认为，人们从事商品生产及交易的源动力是自身的利己心。他写道：“我们期望的饭食，不是屠户、酿酒商或面包师的恩惠，而是他们自利的打算。我们所祈求的不是他们的人性，而是他们的利己心。

我们从不向他们谈及我们自己的需要，只说他们的好处。”亚当·斯密认为人类的自私自利是上帝的天意。自私是天性，是没有错的。所以，一切经济活动的内在动力就是追求各自利益的冲动，那不是他的好心，也不是他在做慈善，而是他要赚钱，他要养家糊口，要解决个人利益的问题。后来，诺贝尔经济学奖得主乔治·斯蒂格勒说亚当·斯密的《国富论》是“建立在利己主义的岩石上的宏伟宫殿”，他认为亚当·斯密的这个思想是利己主义合理化最坚实的理论基础。更为极端的代表人物是荷兰的经济学家孟德维尔，他提出了一个“私恶即公益”的经济学理论，就是只要每个人都在追求个人的利益，其结果是到最后整个社会都会获益。

亚当·斯密在书中写道：“劳动分工的原因是交换，而这种分工的范围必然受到交换能力范围的限制。换言之，要受到市场范围的限制。当市场很小时，没有任何人被鼓励去专门从事一种职业，因为他没有能力用自己生产的远超自己消费的劳动产品的剩余部分去交换他所需要的由他人生产的剩余劳动产品。”由此可见，商业能力的大小及水平的高低是决定大工业能否得到发展的前提条件。

章末案例

成功背后的伦理逻辑

任何一家企业的成功都有其内在的原因，而且无论原因属何种类型，都属于企业的核心竞争力。许多竞争力看上去是属于技术型的，或者属于营销型的，又或是属于企业管理体制机制方面的，但深入分析后得出的结论基本都会归于一点：关键还是人。

如一家优质企业，单看这个企业中的员工个体并无什么明显的过人之处，但从群体的角度来看就能感受到其群体所具有的力量。另外，还有一些企业是因为创始人个人的人格力量，从而使企业取得了骄人业绩。

京东集团是目前中国最具代表性的自营式电商企业，其创始人刘强东是白手起家的企业家。刚刚创业时他既无过人的背景，也无过人的技术，更无雄厚的资本，那他到底是靠什么从市场的竞争中发展起来的？要想寻找答案，也许可以先从他小时候的经历聊起。小时候的刘强东家庭生活贫困，为了生活，他父母买船做货运，冒着江上沉船的风险辛苦地赚钱养家，或许这也给刘强东种下了物流贸易的基因，以及明白并同情底层民众的艰辛和不易。从这里也可以看出，善待一线员工为什么会成为京东管理的普遍认知。然而还有一件让他记住的事情，就是当年因县城的百货商店到镇里倾销，一下子就迫使父母在镇里开的小批发部直接关门，亏本后只得重新做回船运。这教会了他货真价实、薄利多销的商业真理，而且是商业领域的普遍真理，所谓商业真理从人性上看就是含有了“利他性”商业伦理的逻辑。

1998年刘强东刚创建京东时，起步于中关村众多卖场之中。当时的市场是一片混乱的竞争状况，各种盗版及伪劣的电子产品充斥着市场，商品的价格更是相差悬殊，买卖假冒伪劣商品赚得厚利的人比比皆是。市场的各种诱惑也是处处都有，为了能尽快致富，绝大多数商家都经营过伪劣商品。但刘强东从一开始就坚持只卖正品，而且是明码实价，决不讨价还价。为此刚开始许多客户都不接受，甚至如不降价扭头就走，但刘强东却依然不动声色。然而有客户转了一圈后又回来购买了刘强东的商品，这背后的奥秘就在于刘强东不单是坚持卖正品，他还坚持着薄利多销的经营理念，他自信只要是正品，他的价格绝对是有竞争力的。

当初伪劣商品的利润是正品的十几倍，而且电子产品又是快销品，坚持只卖正品的商家是少之又少，刘强东之所以坚持只卖正品是因为他很早就明白贩卖伪劣商品追求暴利是走不远的，那是一锤子买卖，要想获得真正的商业成功就必须遵循商道，只要自己能坚持薄利多销只卖真货的原则就一定能脱颖而出，关键是如何让人尽快知道京东。所以，他从一开始就采取开发票并公开地打出明码实价的做法，这就等于是货真价实的行为广告。这种直接有效的方式既无须另做宣传，又可迅速地在市场上建立起自己的品牌。果然，京东赢得了市场上越来越多的订单，刘强东也很快接二连三地租下了更大的办公场地，企业也不断地壮大起来。在这极富远见的经商见识的背后，就隐含着商业伦理的真谛。商业伦理的逻辑就是通过“利他”来达到“利己”的逻辑，强调的是走真诚、真实的正道来获利，所谓“君子爱财，取之有道”。

早些年，刘强东曾经开过饭馆，虽然他对饭馆的员工很好，但架不住内部出现贪污，最终还是导致了亏损。这让他百思不得其解，“我对员工这么好，为什么还是有人贪污？”这也让他对贪污问题十分痛恨。后来，当他到一家外企负责库房管理时，看到规范的企业对仓管和收发货的管理是非常严格有序的，他终于明白了企业管理除了感情投入外，更要有制度的约束和到位的管理。京东的经营涉及大量的采购环节及收发货活动，如果没有制度的管理那是一定会出问题的。因此，在2007年刘强东只要有了管理上的想法就立即要求做到企业管理的流程中去。然而这种做法又让大家很痛苦，许多人认为公司不大，很多事情说一下就能做到了，何必大费周章，而且不断调整制度的成本也是较高的，大家还要不断地适应新规则。为有效地防止贪污，京东建立起了提高企业员工收益的正常渠道，让努力工作的人都能够通过自己的劳动堂堂正正地赚钱买房子、开车子，让企业有更多宽广的廉洁致富路子，并且要形成公正、透明的企业文化，最大限度地消除滋生贪腐的土壤。

笔者曾经见过不少企业的员工宿舍，也曾亲身住过著名上市公司的员工宿舍。若干年前，笔者曾经亲自拿到过京东公司为员工建设的公寓平面图，看到员工宿舍里卫生间的干湿分离的设计及细节，确实感慨过这家公司对员工的关爱。这不是停留在嘴边的华丽词汇，也不是领导心血来潮时的冲动作秀，而是有温度的制度。结合刘强东小时候的经历，这一切就可以理解了。

所以，一家企业的成功是离不开对员工真实的关爱的，这种关爱会给企业带来人因方面强大的战斗力。京东还有著名的沟通文化，在员工加班到晚上后，刘强东会过来招呼大家一起去吃宵夜，在饭桌上一杯酒下肚，白天有何痛快不痛快的事大家放开了聊，经常是释放一番后，第二天员工满怀斗志地继续干。在这种场合中，刘强东也经常和基层员工坐在一起，听取大家的建议和评论，之后许多员工就会发现曾经聊过的地方出现了改善。其实并不需要太多的高深道理，商业伦理在企业管理方面的主要作用就是要达到上下一心的目的。

（资料来源：笔者根据多方资料整理而成）

案例启示：

该案例告诉我们，即使是在激烈的市场竞争中，拥有清晰、友善的企业文化是多么重要。企业文化就是要调动起员工的积极性和团队的凝聚力，好的企业文化能为企业的发展提供肥沃的土壤，在这里优秀的员工会不断地成长起来。有了好的企业文化，企业内部的竞争也会是良性的竞争，在外部市场竞争中就能赢得顾客，也会得到竞争对手的尊重。这是任何企业都在追求的结果，它的形成来源于道德伦理的力量。

本章小结

商业伦理缘起于商业活动中道德和利益的取舍困惑，这是由于人性与生存必需交织的必然。工业化的诞生有赖于市场经济的制度环境，市场经济自由发展似乎完全是由那只“看不见的手”（市场经济规律）在做引导和约束，法律的作用更多地体现在维持市场的基本秩序及保持社会底线不被践踏。其实，还有一股“看不见”的力量在规范约束着人们的商业行为，那就是商业伦理。在一切的商业活动中，人们最看重的还是“君子一诺”的信用，一旦丧失信用任何人都将被清出市场。西方古典经济学理论所依赖的前提，就是市场是在公平、公正的理性思维下的交易。伦理规则并不像法律那样完全是刚性条文，然而它却是能成为交易对象的基础条件。

那么，西方的商业伦理学是如何形成和发展的呢？商业伦理理论又是如何随着工商业的发展而不断发展的呢？

02

第二章

商业伦理学的形成及社会公正的意义

我们期望的饭食，不是屠户、酿酒商或面包师的恩惠，而是他们自利的打算。我们所祈求的不是他们的人性，而是他们的利己心。我们从不向他们谈及我们自己的需要，只说他们的好处。

英国经济学家和哲学家　亚当·斯密

本章综述

派生于哲学的西方伦理学，从研究人与自然的关系开始，寻找人生的意义和目标。由于人生的终极目标是满足人的精神需求，属精神层面的道德伦理观就是人生的“导航手册”。人类社会需要良性有序的竞争活动，商业活动最终也要围绕人生的目标而开展，商业伦理的讨论也就自然兴起。

本章从介绍西方商业伦理学的形成和发展入手，介绍商业伦理学是如何随商业活动的发展而不断演变的。由于伦理问题的现实反映主要是诚信和公正，所以我们进而展开什么是公正的讨论。公正涉及金钱与道德该如何取舍的问题，通过分析可以得出道德伦理是高于金钱的人格追求，金钱更不应买卖道德的结论。

第一节　西方商业伦理学的形成与发展

我们知道西方哲学起源于古希腊。古希腊哲学开始是与自然科学研究联系在一起的，早期的研究者许多是数学家、物理学家，他们探究的是客观世界的本质，讨论的是自然世界是什么、人类又是什么、人生的目标和追求是什么、善是什么、至善是什么等问题，进而开始把注意力集中到了伦理问题。在早期，赫拉克利特的思想就已出现了关于个人行为与社会整体关系的思考。之后，从苏格拉底到柏拉图，再到亚里士多德，都探讨过善的意义，并逐步建立起了唯理的认识论（逻辑学）、行为论（伦理学）和国家论（政治学）等一整套理论体系，为伦理学的研究铺平了道路。可见伦理问题在西方也是具有悠久历史的哲学思考，并有着实际的社会需求。商业伦理学的形成和早期发展，主要是在欧洲。随着欧洲商业活动和工业文明的发展，其商业伦理思想的产生及变化也是随着资本主义市场经济理论的产生和发展而来的。由于工业文明的到来，各种社会矛盾日趋激化，商业伦理问题不断凸显，商业伦理的思考和研究也就变得异常重要。资本主义市场经济理论经历了三个发展阶段，所以与其相应的商业伦理思想也经历了三个发展阶段。

一、西方古典经济学阶段

在1870年“边际革命”产生前，即从17世纪中叶到19世纪70年代，是西方古典经济学诞生并占主流理论的年代，我们称之为西方古典经济学阶段。在这一阶段，英国、美国和法国分别进行了资产阶级革命，先后建立起了资本主义制度，开始了资本主义制度和封建制度的较量，是资本主义市场经济观开始战胜封建的自然经济观的时期。它所展现出来的是资本主义的自由经济相对于封建经济的进步性及其在道德伦理方面的正义性。西方古典经济学是以亚当·斯密为主要代表的第一个资本主义的经济学理论。此理论认为，国家对经济活动的干预是不必要的而且是十分危险的，强调人类经济活动的内在动力来源于个人的利益冲动。认为一切为追求个人利益的冲动是合理的，就是说放任私欲的自由经济是合理的。亚当·斯密认为：“如果政治家企图指导私人应如何运用他们的资本，那不仅是自寻烦恼地去注意最不需要注意的问题，而且是僭取一种不能放心地委托给任何个人，也不能放心地委托给任何委员会或参议院的权力。而把这种权力交给一个大言不惭地、荒唐地自认为有资格行使的人，是再危险也没有了。”在这样一种理论的引导下，所形成的经济形式就是自由经济，其商业伦理的要点就是应该放纵个人私欲。另一位经济学家孟德维尔提出“私恶即公益”的商业伦理原则，从而论证了自由放纵的市场经济的合理性及合法性。所以，这就是这一时期商业伦理的主要特征。

此外，西方古典经济学关注的是什么？这一时期商业伦理学的基础是什么？这里的基础指的是商业领域的价值观，既包括商业行为的是非对错，也包括商品的价值是什么。关于前者，这一时期判断商业行为是非对错的基础是要尊重个人的利益追求，要维护个体的选择自由。至于后者，讨论商品的价值构成也是判断买卖交易是否等值、公平的基础。是什么在决定商品的价值？价格又是怎么定的？什么叫有价，什么叫无价，其标准是具有历史特征的。在这一问题上，这时期的古典经济学强调的是生产、供给及成本三者之间的关系。生产和供给是市场商品的起始侧、供给侧，供给侧的价值是受商品生产成本影响的。成本是决定这个商品价值的基本因素，所以西方古典经济学里提出了劳动价值论的观点。所谓劳动价值论，就是劳动对象的价值由生产商品的劳动量（包括劳动的时间、技能、强度等因素）所决定的价值。关于价格的分类，亚当·斯密在《国富论》里提出商品有两个价格：自然价格和市场价格。市场价格就是实际成交的价格。如两元买一支笔，那这支笔的市场价格就是两元。自然价格指的是这个商品的价值，西方古典经济学认为商品价值是由劳动来决定的，即交换价值是由劳动决定的。人们买卖一个东西，交换了金钱或实物，实际上最终是交换了一个价值。这个东西值不值，就要看交换一个具有具体功能物的价值，它值多少取决于人们在该商品上所付出的劳动值。所以在这个阶段，其主要关注的是商品中劳动价值的作用和地位。

在市场买卖活动方面，西方古典经济学的关注点在于市场交易的公正性和等值性。市场交易要公正，一个公正的交易要等值，古典经济学主张把这一切全都交由市场来自行决定，市场的自由运行及自由选择最终会形成自愿、公平的交易。

总之，该阶段的商业伦理是建立在自由放任的市场经济体系之上的，并认为这是顺应自然规律的，顺着这个自然规律市场会向着正确的方向发展。

二、新古典经济学阶段

这一阶段指的是从1870年“边际效用”理论的创立到20世纪初。由于“边际效用”是一种全新的经济学理论，所以这一阶段也被称为新古典经济学阶段。在这个阶段，西方主要的资本主义国家已经基本完成了各自的工业革命。新兴的资本主义制度最终战胜了旧有的封建主义制度，资本主义经济也确立了其对西方世界经济的统治地位。不断进步的机械化工业制度及其大机器生产力也有力地推动了社会生产力的迅速发展，商品和社会财富也在急剧地增长。现代交通工具的出现和广泛应用更是加速了世界各地的联系，各主要资本主义国家纷纷开始了对外扩张，其国内外市场也快速形成。然而，随着生产能力的极大提高，原先产销均衡的局面开始被打破。工人们像机器一样超负荷地工作、各种工业机器在不停地运行，资本疯狂地追逐着无法满足的财富欲望。由于市场中供销关系的失衡，开始爆发资本主义经济危机，而且危机还呈现出无法抑制的周期性规律。这是原先西方古典经济学无法解释和解决的顽疾。为此，经济学家纷纷开始了新的经济理论探讨，并认识到了市场需求方在市场中的统治地位。

由于封建经济的瓦解与退出，使得新古典经济学不需要再继续论证市场经济存在的合理性，它要解决的是资本主义经济出现的新问题，进而产生出新的经济理论，其代表理论有“边际效用”理论、“帕累托最优”理论等。

该时期，西方经济学界用“边际效用”的经济理论代替了原先的劳动价值论，产生了经济学理论的一场革命，即“边际革命”。这场革命是从西方古典经济学所关注的生产成本问题，转向了关注市场中消费的需求和效用。人们开始认为商品的价值应该由商品的最终效用来决定，否定了原先的劳动价值论。该理论认为人的欲望能够得到满足才是商品的价值所在，其程度体现在效用上，效用才是价值的体现，进而提出了所谓的边际效用价值论，认为欲望的满足程度完全是消费者的客观感觉，因而得出边际效用价值论是客观主义的价值学说的结论。

由于西方古典经济学理论已无法解释及解决出现的严重的社会经济问题，迫使西方经济学家转而求助于消费端，提出了全新的效用价值论。该理论放弃了从劳动价值论角度为自由市场进行经济辩护，提出了效用价值论，认为只有进入消费领域后才能对商品的价值进行评价。然而，边际主义依然坚持市场的配置资源和分配利益的地位，反对政府干预，从这一点出发也显示出其对古典经济学理论的延续性和继承性。

正如奥地利经济学家卡尔·门格尔指出的那样，人类经济活动的出发点是满足需求的欲望，实现欲望的场所就是消费领域；只有进入消费领域中去对人的欲望进行研究，才能真正找出经济学的关键问题。这是经济学的进步。资本主义经济经过几百年的发展后，社会矛盾日趋尖锐，自由经济产生的问题集中体现在了市场的供求关系上，人们开始意识到需求才是市场的主导力量，因为它反映了人们的欲望和随之而来的消费。市场的消费需求是市场活力的“发动机”，新古典经济学就是由此展开的。

意大利经济学家帕雷托在进行经济效率和收入分配的研究中，使用了一种假设性的纯理论概念，并由此得出了所谓效率最优的经济理论，被称为“帕累托最优”理论。它指的是资源分配的一种最理想的状态，假设一群人在没有使他们中间的任何人境况变坏的前提下，将可分配的资源从一种分配状态变为另一种分配状态，并至少使一个人变得更好。这种转变就是“帕累托改进”或“帕累托最优化”。最终达到的状态就是“帕累托最优”状态，是一种无法再优化的状态。

以下是一个说明“帕累托最优”时比较常用的案例。假设有一个村庄，只有两个猎人，出去打猎只能打两种动物—— 一种是鹿，另一种是兔子。要打一头鹿这两个人就必须合作，合作后每天只能打到一头鹿。如果打到一头鹿回来，两个人一分为二，每个人拿半边鹿肉回去，每个人就能吃十天。如果打兔子，这是一个人就能干的活儿，但是一天每人只能打到四只兔子。每天吃一只兔子，也就够吃四天。基于这个基本的前置条件，大家可以看出以下几种组合。第一种组合是这两个人分开，一个人去打鹿，另一个人去打兔子，那是什么结果呢？打兔子的人，会打到四只兔子，够这个人接下来吃四天。但去打鹿的那个人，基本上就要饿肚子了，因为他打不到一头鹿。这种组合就是一个人能四天不挨饿，另一个人就得挨饿了。第二个组合是两个人分别去打兔子，每个人均能打到四只兔子，那每个人都能四天内有的吃而不挨饿。第三种组合是两个人分别去打鹿，其结果就是都打不到鹿，两个人都要挨饿。第四种组合是两个人合起来一起去打一只鹿，打到以后呢，各分一半儿，那最终每个人都能吃上十天。显然是第四种组合效应最大。这就可以看出来，其实第四种组合并没有让另外一个人更差，但会让两个人都变好，这就是“帕累托最优”。所以说，

“帕累托最优”是假设市场不受一切外部条件的影响，而在保持自由竞争的状况下由市场规则自动实现社会资源的最佳配置，这种最佳配置就是理想化的“帕累托最优”。

这一假设把西方古典经济学的市场经济理论推到了自由放任的极致，是再次试图证明放任的自由经济的合理性，严格来讲这是一个假设性的理想化的理论。此外，要实现“帕累托最优”的前提，市场仍然要设定为绝对的守信、坚持公平交易等。这一切又更多地体现为道德伦理的要求。可见，该理论成立也有赖于上述道德伦理对市场的完全控制。

在这个阶段有三个代表性人物。第一位是英国的经济学家威廉姆·斯坦利·杰文斯，他提出商品的价值是由商品的最后效用来决定，而不是由生产商品的劳动来决定的。举个简单的例子——手机。大家现在都用的是智能手机，因为智能手机功能非常强大，既可打电话、发短信、拍照、录音，又可以上网购物、娱乐和办公等，就是一台多功能的移动电脑，里面含有人类的多重劳动积累，所以其价值几千元。而对于部分老年人来讲就是个电话，最多也就是个可移动的电话，对微信一窍不通的，那更不要提上网了。所以，对于这部分老年人来讲，它的价值就是电话，另外一些功能对他来讲无效，几千元一个电话太贵了。又如我们都非常喜欢各种玉石，玉石素有“黄金有价，玉无价”的说法。但在一些人眼里就是块石头而已，没什么价值。这也说明同一物品的价值在不同的人群中，可能差得很远。所以，杰文斯认为商品的价值是由最后效用决定的。

第二位是奥地利经济学家卡尔·门格尔，他说的更绝对一些，认为价值由最小用途决定。任何一个商品都可能有许多种用途，但它的价值并不是由最高价值的用途决定的，而是由其价值最低的用途来决定的。如在一个小岛上，用金砖砸坚果吃，那金砖就只是一把锤子而已。

第三位是法国数理经济学家里昂·瓦尔拉斯。他提出了一种观点：商品的价值是由最后欲望满足的程度来决定的，并把边际效用称为由稀少性带来的效应。那么，如何理解这种观点呢？例如，一个人日常吃饭时和饿极吃饭时对饭的感受和价值判断是完全不一样的，当处在饥荒时期，人们对食物的欲望自然是极其强烈的，这时食物的价值也就是极高的。

由此看出，在新古典经济学阶段，西方经济学理论改变了原先对商品价值的判断，这是一次根本性的改变。同样，价值的定义和判断对讨论伦理道德也是非常重要的，因为商品价值判断的背后暗含着公正性和合理性的概念，它是构成商业伦理的基础性要素，是直接影响这一阶段商业伦理的判断标准。由于价值逻辑的变化，就会影响到商业伦理的变更。在新古典经济阶段，市场中需求方的感受和判断成为市场的主导因素，它取代古典经济阶段的劳动决定价值，供给方不再是市场的主导方了，生产的目的是满足需求方的消费目的。商品的价值只有进入消费领域后才能对其进行评价，当它放在仓库里的时候，你还不好说它值多少钱，只有进入市场实现交易之后，它的价值才得以体现出来。如果说这种逻辑是公正合理的，前提同样是其市场是完全竞争的状态，即市场是推崇守信、公平交易，讲究平等的。现在我国经济管理经常推崇这样一句话：让市场规律在资源的配置过程中起决定性的作用。这句话本身就具有允许市场“帕累托最优”的含义，实际上就是让我们的市场能够良性发展，从而在资源配置分配过程中走向一种最优化。

三、现代经济学阶段

这个阶段是指从20世纪30年代直到当代。进入20世纪后，资本主义经济经过第二次工业革命的推动，再次出现了重大的变化。激烈的市场竞争导致社会经济开始从自由竞争经济走上了垄断的资本主义经济，在经济的许多领域里不断出现高度的垄断化，经济及社会的管理也逐步出现了各种集权化结果。从全球来看，部分主要的资本主义国家相继进入了帝国主义阶段，出现了试图通过武力来解决众多社会及经济问题的倾向，最终导致了第一次世界大战和第二次世界大战。

反复出现的周期性的经济危机对西方经济的冲击，打破了原先关于市场万能的神话，一个放任私欲的自由市场，最终私欲会突破道德伦理的底线，会使经济社会进入危机的困境。效率和公平固然是与市场的自由性和伦理的约束力相关联的，但后者还牵动着社会发展和经济可持续性这一事实。自由经济必然导致经济危机的魔咒成为一个不可治愈的顽疾。无奈之下，西方经济学界只好放弃自由经济理论，转而开始主张政府干预，就是由自由经济理论、自由经济主义转向由政府干预的发展方向。其实在世界经济联动后，各个国家的政府已经成为国际市场中参与竞争的一份子，许多原属企业之间的竞争关系转而出现在了国家之间的竞争中，政府对市场越来越多地干预也是有其内在的必然性的。这一时期出现了许多有代表性的经济学家，最具代表性的就是英国经济学家凯恩斯。

1936年，英国经济学家凯恩斯在《就业、利息和货币通论》一书中提出了政府干预经济的理论。凯恩斯认为，反复出现的资本主义经济危机，以及由此带来的经济大倒退、普遍的社会失业是不可能由市场自行消除的，资本对私利的追求是不可能自我放弃的，市场中也不存在一个可以将私人利益自动变为社会利益的所谓“看不见的手”，要解决私利与公共利益的矛盾，只能依靠那只看得见的手——政府——来对社会经济进行全面的干预。也只有这样，资本主义经济才能摆脱反复降临的经济危机、萧条及大量的失业问题。凯恩斯认为，在一般情况下，人们会把收入中满足日常消费所余的部分储蓄起来而不是增加消费，这就使社会的有效需求通常会表现出不足，社会的总供给与总需求之间也难以自动达到均衡。为此，他主张政府可以通过调整收入分配政策来刺激出社会的有效需求，进而解决社会有效需求不足的问题。因此，凯恩斯主张放弃过去让市场经济自主运行的理论，而开始推行政府干预的政策和做法。

政府干预最有效的途径是实行赤字的财政政策，就是加大政府的开支和投资，利用增加公共建设投资及消费的开支，来实行扩张性的财政政策，由政府性的投资所带来的增量去弥补原先私人个体投资的不足。这是政府干预经济最直接、最有效的途径。由此带来的财政赤字不仅是无害的，而且还将有利于把原先经济运行中闲滞的各类财富重新运行到生产和消费中来，进而达到供需关系的再平衡，实现推动经济增长的初衷。这种方法首先可以改善原先有效需求欠缺的不利状态，其次也能减轻社会的失业状态。此外，政府增加开支的做法还会产生出一种高于其原始支出的效果，这种现象被称为“乘数效益”。由此我们可以看出政府增加支出的好处，政府支出的增加会带来社会若干倍于该支出的增量。凯恩斯的理论说明了不能单靠市场去做自我调节和自我修复，人性决定了人的私欲会不断地膨胀，各个经济实体间的自由竞争最终不可避免地产生了破坏性极强的经济危机。所以，在这个理论的指导下，经济社会就能消除自由放任的市场经济里的利己主义、拜金主义的恶性蔓延，从而避免出现经济危机这种毁灭性的结局。

1986年诺贝尔经济学奖的获得者美国著名的经济学家詹姆斯·布坎南是公共选择学派的代表人物，他是该学派中最有影响力和最具代表性的经济学家。他将经济学方法概括为三点：一是个人主义的方法论，认为无论集体活动有多复杂，其中的人都将是最终的决策者及行动者；二是人是具有经济性的，都有他的理性准则与利己的天性，即使每个人是参加公共性的活动，也会追求个人的利益；三是只要人们在政治活动中有自愿地达成协议、减少冲突的愿望，就会有市场中的交易出现。与凯恩斯主义不同，公共选择理论是由布坎南等学者创立出来的新型的公共经济理论，其显著的特点是将经济学理论运用到了对政治决策的分析中，该理论实际上是将经济学的思维逻辑应用到了政治学方面，是政府权力的经济思考及其选择。

上述经济理论的初衷都是解决由自由经济带来的、其自身又无法解决的经济困局。一方面是在强调政府干预的必要性和合理性，另一方面是在为政府的干预提供理论原则、路径及手段。商业活动中的利己性是由人性及商业目的所决定的，在自由经济的环境中会随着人的欲望的增加而日趋显现，政府的参与就是要增加对社会整体利益的思考、选择的补充，从而实现社会公平、公正的发展，不能仅仅关注个体，或某个企业、某个团体的利益，这会引导出更加关注社会公平性的价值观及判断标准，所以这一时期的商业伦理也就会强调社会的公平性和利益的均衡性。

那么，什么是公平的社会？公正是什么？公正的标准是什么？

第二节　来自伦理的社会公正

一、社会公正的问题

在前面提到了一件事情，就是笔者居住的小区开发商即将出售车位，在出售车位之前，开发商将原来以出租的车位全部收回。从开发商的角度出发，这种做法实际上是希望住户只能通过购买车位来获得停车的场地，而不是租用。它背后的商业逻辑是，开发商认为车位是他投资建设商品的一部分，作为正常的商品销售方，他有权选择采取销售模式还是出租的经营模式。但是，从广大住户（业主）的角度出发，车位是服务于小区住户生活需求的一种配套设施，所以作为小区的住户就是商品房的购买者，他们也有权选择是采取租赁还是购买的方式来获得车位。也就是说，开发商进行车位销售的同时，也无须停止车位的临时租赁使用，因为这两者之间并不矛盾。如果开发商停止一切租赁行为，只推出车位销售方案是一种不道德的行为，它实际上就是迫使每一位业主不得不通过购买的方式来解决车辆的停放问题。此外只有通过销售方式，开发商才可以快速地回笼资金，并且先行停止车位出租还有助于开发商的定价。这两种观点哪一个更正确呢？从商业伦理的角度来看，到底哪个说法更符合商业伦理的正向选择，开发商的行为是不是属于合理合法的范围，业主的诉求是不是合理合法的，这些都是值得思考的问题。其实，当今社会中到处都有关于公正不公正、是非对错的争论。虽说现在社会普遍的认知是吸烟有害健康，社会及国家政府都提倡禁烟，甚至立法限制吸烟的范围，但是各个烟草生产厂家及销售企业仍然可以合法地进行生产和销售，广大烟民仍是客观的存在，他们的合法需求也在得到现实的满足。那么，烟草业的生存到底是不是有悖社会的商业伦理呢？如果说存在就是合理，可否认为烟草业的存在也是符合当今社会商业伦理要求的。我相信大多数人会认为公共健康比单纯的财政收入重要得多。但事实上，从政府到具体的商家及相当数量的烟民，他们仍然认为烟草业的发展确实是存在着社会需求的，也有助于经济的繁荣。

一般来说，市场中商品及服务的价格是由企业根据市场情况自行设定的，企业通过对市场的需求情况、产品的生产成本等因素进行分析研判，最终确定商品和服务的价格，这些属于企业的经营自主权，外部因素是不应该加以干涉的。并且在此之后，如果企业认为有必要也可以随着市场的起伏变化相应地做出价格调整。那么，是否可以说这些做法都是毫无争议的，社会其他方面也都是无权干预的呢？这其中是否还有企业必须加以考虑的其他因素？下面通过一个真实的案例让我们更为深入地思考一下。

专栏 2-1

企业调价的道德思考

2021 年 7 月 20 日，河南省郑州市遭遇了一场史上罕见的特大暴雨。当暴雨刚开始下时，所有人都以为这仅仅是一场普通的暴雨而已，道路上行人与车辆穿行如常，城市的地铁、公交车也照常运行。但是，事态的发展迅速打破了人们日常的认知，持续的暴雨开始加速地漫过了路面，稍有低洼之处已形成积水，这场突来的暴雨达到了灾难级别。

2021 年 7 月 17—20 日，郑州市区的降雨量累计达到了 617.1 毫米，相当于 3 天内就降了以往全年的雨量。各种公共交通工具和设施如飞机、铁路、高速公路等陆续停止运营，致使大量旅客滞留在郑州市内。为应对这场天灾，全市的酒店陆续开启了降价模式，其中有一家酒店的房价降至每晚 6 元。这是企业对其社会责任和商业良知的诠释。然而，有个别酒店却调高了房价，这种见利忘义的行为立刻被传到网上，引来一片骂声，人们纷纷谴责这种不道德的行为，这家企业的所作所为与其他积极接待滞留旅客的酒店形成了鲜明对比。

据因暴雨滞留在郑州的网友在网上的举报："7 月 20 日晚某酒店房价从每晚二三百元直接涨价到两千多元。"该事件迅速成为雨灾期间的一个非常不和谐的典型，经郑州市市场监管局等相关部门的立案调查，当天该酒店确实对入住的顾客按每天 1500 元 / 间、1688 元 / 间、2888 元 / 间的价格进行结算，超过了平常价格的 3 ～ 5 倍，违反了《中华人民共和国价格法》的规定，构成了哄抬价格的违法行为。

事件发酵后，该酒店总部向社会进行道歉，表示已开放所有的门店大堂给有需要的民众作为休息场所，并为受困人员提供热饮、物资等应急接待服务，其郑州市内所有门店也将免费提供救援队及消防保障官兵的住房。同时，涉事分店将开放所有客房，免费为受灾民众提供住宿。随后郑州市其他的加盟店也发表声明：我们店一直在积极参与救援工作。

（资料来源：笔者根据多方资料整理而成）

案例启示：

这原本是一家普通的平价酒店，平日价格最高也不过千元。在雨灾期间，由于客房需求量猛增，酒店方将原本200多元的房费涨价最高至2888元。经营者不去主动承担社会责任，却乘机掠财，这就使得企业的社会形象和口碑急速下滑，遭到社会大众的唾弃。这种道德的谴责是任何经营者都无法承受的，涉事酒店自是悔之不及。

这表明了人类文化都有共同的公正标准，它必须符合公众的道德标准。追求更多的利润固然是商业的逻辑，但不能见利忘义，枉顾社会公正。此案例中的个别酒店的逻辑是：商品及服务的价格都是由市场供需关系决定的，是随行就市的，既然社会需求旺盛，自然应该涨价，如不接受就爱来不来，买卖双方都有决定的自由。但面临自然灾害时，就不简单是买卖随行就市了，因为受灾的买方是无法自由选择的，所以有人说这是趁火打劫的行为，本身就有碍公德。另外，在自然灾害面前人类是一体的，这是无论人种、信仰、文化、国籍的道德伦理，违背这一伦理就是站在了人类伦理的对立面，理应受到人类良知的问责。此外，作为一个中国人更不应该发国难财，挑战民族的道德底线。因这种恶劣的行为而获取的利益是有悖公正的，商业伦理的作用就是要守住人性的底线。

所以，企业在对商品及服务进行价格调整时，除了考虑自身的商业利益外，还必须对社会其他各相关方的利益加以考虑，尤其要关注决策时的伦理评价。虽说单从账面上看一项决定对企业是有利的，如果触碰到了法律或道德的底线，就要坚决摒弃这类方案。只有这样，企业才不会陷入法律和舆论的旋涡，才能使企业得以正常经营，才能避免法律或道德的制裁。

我国社会和经济在过去几十年里取得了举世瞩目的辉煌成绩，我们只用了短短的几十年的时间就取得了西方国家几百年的经济成就，堪称世界经济的奇迹。与此同时，我们的社会也正在成为自由、平等、公正、法治的文明社会，这里面就有许多企业及企业家们的贡献。在社会经济高速发展期，人们自然会专注于获取商业利益，如果没有良好的道德观念的约束，一般社会就极易滑向自私、冷漠的人际关系。今天来看，虽然我国经济经历了超高速的发展，但我们的社会依然是和谐、友善的社会主义社会，其中原因关键在于有着中国共产党的领导，以及拥有中华传统文化的底蕴，同时也有我们的企业及企业家们具有的社会责任感。今天，已经实现了富裕的企业及企业家们，依然在尽力为了社会的公平、正义贡献着自己的力量。从商业角度来看，企业积极地参与社会公益事业，并促进社会的共同富裕，就是承担实现社会公正责任的体现，这也是商业伦理的精神所在。

专栏 2-2

共同富裕的企业担当

2021 年 8 月，中央财经委员会第十次会议提出，要坚持以人民为中心的发展思想，在高质量发展中促进共同富裕。也就是说，一方面我们要继续保持经济的高速发展，另一方面我们还要全力促进社会的共同富裕，这既是我们党的初心使命所要求的，也是中华民族迈向伟大复兴的应有之义。这次会议还提出了要构建初次分配、再分配、三次分配协调配套的基础性制度安排。这显示出要通过基础性的制度建设来推进共同富裕目标的实现，说明中央已将该目标做为长期稳定坚持的事业来做了。一个共同富裕的社会才是公平、正义的社会，围绕这一目标，作为具有社会责任感的企业家，应该考虑如何能承担起这份事关民族复兴的责任。

所说的三次分配是属于非强制性的分配，指的是企业做慈善捐赠等行为，它是具有自愿性的行为，涉及先行富裕起来的人们将如何自愿地为社会做出自己的贡献，这是在呼唤人类伦理道德的责任和义务。令人欣喜的是，目前已有众多的企业纷纷开始了有关促进共同富裕的行动。

在互联网行业里，阿里巴巴、腾讯两家企业已率先宣布将各自投资1000亿元启动企业助力共同富裕的相关行动。腾讯公司在2021年4月已投入500亿元启动了以“可持续社会价值创新”为主题的战略，随后在8月又追加500亿元的投资，正式启动了“共同富裕专项计划”。到同年9月初，阿里巴巴公司也宣布成立常设机构“阿里助力共同富裕工作小组”，由公司董事会主席兼首席执行官张勇担任组长。在促进社会共同富裕的道路上，互联网企业已开始充分发挥它们在资金、数字技术应用等方面的优势来助力社会的共同富裕事业。

例如，阿里巴巴为一些海外留学归来并返乡创业的青年提供了所需的技术及资金方面的支持，从而使这些年轻人在数字农业、农业科技应用等新兴农业生产领域得以开展创业活动，这些都是我们的企业实实在在地在推动乡村振兴、实现共同富裕的事业中承担起了自己应尽的责任。山东寿光地区的农户，就是依靠阿里巴巴的数字技术，打通了农业种植、生产及供销之间的全链条，建立起了从育种到末端物流的全产业链的基础设施。这些投资也使得当地广大的农户得到了通过数字经济带来的红利，最终迈向了城乡共同富裕之路。

同样，腾讯发起的成长守护平台也开展未来教室的公益项目，为经济欠发达地区提供了科技支撑的兴趣课程，从而改变上述地区教育的落后及单一方式的局面，通过提升农村教育水平，进而提高农村的建设水平及致富的能力。新投入的500亿元资金则更专注于带动低收入的农户提高收入、助力医疗救助及资助普惠性教育。腾讯也力求在上述事业中更好地发挥其所拥有的技术及资金优势。

目前，促进共同富裕已成为众多企业纷纷加入的一项社会公益事业，如美团与58同城的两位创始人都投入到了共同富裕的公益事业中，还有更多的企业家也都开始加入到该行列中来了。这些都表明我国当代的企业及企业家们是具有鲜明的社会责任感的，是拥有着家国情怀的，这也是具有商业伦理意识的反映。因为只有共同的富裕才是真正的社会富裕，追求共同富裕才是社会公正的道德表现。

（资料来源：笔者根据多方资料整理而成）

案例启示：

社会公正绝不仅是一种理论的说辞和假设，它是社会大众能够看得见、感受得到的行为和现象。不管商业活动的目的是否是出于利己的考虑，但只有追求共同富裕的社会才是一个健康的社会。失去了共同富裕的目标和努力，任何社会都将难于持续发展下去，真若如此，则一切个人的富裕也终将失去其存在的必要性。

二、商业活动里的公正

同样，公正还体现在商业活动中的买卖双方都要诚信守约平等相待，双方都能依约履行自己的责任，而不是以大欺小、以强凌弱。商业活动还是要讲究对等的，因为大家都是商人，都有着一系列的商业规则，也都有责任使正常的市场秩序得以维护。

专栏 2-3

诚信的回报

董明珠从小就性格倔强，骨子里有一股子不服输的硬气，每当遇到困难，总是勇于迎接挑战，有着撞了南墙也不回头的犟脾气。她当年刚到格力做基层销售人员时，被派到安徽省区域去追货款。这个工作的难度是较大的，而她硬是靠着自己的韧劲和拼劲，把一些最难啃的骨头给啃了下来，并在当地市场取得了骄人的业绩，被誉为“销售女皇”。在市场营销的工作中，董明珠非常看重诚信、正直，她为人的风格也一向是快人快语，这也为她打造出了个人品牌。

在开拓安徽市场时，就有过出名的三场营销硬仗。其中，在建立芜湖地区市场时，董明珠曾与一家国营电器商场的经理洽谈，看看能不能进行合作。对方爽快地表示，合作可以，但要先将欠账结了。这让董明珠深感意外，她从来不知道格力原先还欠着人家的钱。等听对方将情况说明之后，她明白这是当初业务员失误造成的欠债。对方经理说：“我们是一直都很有诚信的企业，但你们欠的钱何时能还上?”这让董明珠脸上感到阵阵发红，因为她的理念一直都是强调自己诚信守约的。惭愧下，她向对方保证一定认真核实，只要属实，就一定会尽快支付这笔欠款。事后她马上和公司总部联系要求核实情况，并竭尽全力为对方落实了还款事宜。在董明珠带着欠款来见该经理后，对方很是满意，还主动订购了一批格力空调。随之格力在芜湖地区的市场也逐步打开了。

这件事让董明珠感触很大，市场营销中如果自己不能诚信地经营，想赢得市场的信任及订单就是无源之水。商业合作不能靠拉关系、给回扣这种桌下交易来维系，只有按照双方合约认真履行合同，在尽到自身责任的同时督促对方同样守约，这才是买卖交易应有之义。

（资料来源：笔者根据多方资料整理而成）

案例启示：

从此案例可以看出，商业活动中的守信公正与否是买卖关系能否持续下去的前提。笔者也曾经有过这类的切身体会。面对一个事前拍着胸口不断表示自己童叟无欺的人，不能只听对方说得如何动听，而履约过程中对方是否诚信才是最应该看重的。市场上许多欺诈之人开始时多是以信誓旦旦的面目出现，以所谓豪爽、义气之态感人，这种人骨子里早已把诚信公正的底线踩在了脚下，这类表演的目的就是要骗取对方的信任，以从中牟利。这不仅是商业领域的事，还事关社会公正的问题，商业活动里出现的问题大都是社会风气和文明程度的缩影。一个社会里经常见到信口雌黄、胡吹海吹的人，是这个社会道德闸门松弛的表现。一个公正的社会就要清除滋生这种思想的土壤，社会大众应该共同谴责这种行为，因为目前这类事件还时有发生，这是一道文明社会必须跨过去的槛。

三、公正的定义

关于公正，美国哈佛大学教授桑德尔给出了以下三种说法：第一种，公正是要维护社会中多数人的最大幸福；第二种，公正是要尊重社会中个人的自由选择权；第三种，公正有助于道德的修养和推崇社会的良善。

公正的标准直接体现着社会的道德伦理观，在这里也可以看出东西方文明传统取向的不同，西方文明更多地倾向于第二种观点，而东方文明会更多地倾向于第一种观点。之所以存在上述差异，主要还是由于东西方所处的天然地理条件的不同所致。亚洲大陆版图相对完整辽阔，人们大部分居住在温带气候之中，非常适合建立起大一统的农业国家，人们群居劳作、彼此互相照应是一种自然的生存状态和需求，久而久之就形成群体利益至上的公序良俗；欧洲地理版图相对零散，自然地貌差异较大，各民族生活相对分散，气候差异较大，各处生存环境也各不相同。临海地区以捕鱼为生、山地地区以狩猎为生、牧草地区以畜牧为生、农耕地区以种植为生。人们以家庭、种族为单位组织生活，从国家层面来看就形成以单一民族为主的国家意识，强调独立的各民族自主意识。从家庭层面来看就形成以个人意愿为主的自主选择，强调的是自由的选择权。所以，前两种说法应该是建立在各自文明的历史习俗基础上的自然选择，不存在好坏之分。说到底，人类本身就是自然的产物，人类的社会价值观就来源于自然生存的“打磨”和“雕塑”。

至于第三种说法，则是跳出群体与个体之争的思维，不再纠结于到底是集体利益至上还是个人自由至上哪个更加公正，而是直接从公正的目的本身来看问题。因为群体利益至上有可能会产生功利主义的逻辑，在这个逻辑的背后是对功利收益的算计和比对，它就使公正变成了社会利益“称重”后的结果，这就使道德变成了理性计算的结果，那就漠视了道德里的精神价值。而第二种说法又把公正放到了个体的随性之下，因为个体的选择并不具有正义的必然性。公正的要点在于给正义以公平条件，而不是对包括非正义在内的一切欲望和要求都给予公平的机会，否则就不是公正，而是是非不分的放任，是貌似自由的道德放任。第三种说法没有把公正放在与善同等的哲学地位，而是遵循良善的社会实践的标准，应该说这样定义是更较为合适的。

在中国历史上就有不少关于维持社会公正的事例，在众多的历史文献甚至是戏曲中，都能看到许多耳熟能详的经典故事，如坐镇开封府明镜高悬的包拯、公正无私的海瑞，以及智慧过人的诸葛亮。

专栏 2-4

诸葛亮挥泪斩马谡

在公元 228 年发动的一场北伐曹魏的战争中，诸葛亮力排众议，决定任命谈到军事就头头是道的马谡出任镇守战略要地街亭的最高指挥官。诸葛亮还不放心，增派了一贯稳重的王平出任副将协助马谡防守街亭。马谡在出兵街亭之时自信满满，认为自己完全有能力完成任务，并立下了军令状，说明一旦有所失守，则主动依约请斩全家之人。

然而当马谡率兵来到街亭之后，看过实际地形便认为出发前诸葛亮所说的“在山上扎营太冒险”的提醒并不合适，以为自己从小就熟读兵书并知晓兵法，更不听副手王平的一再劝说，屯兵于山头。他颇为自信地认为，兵法就有居高临下、势如破竹，以及置之死地而后生的说法。

当曹魏军队到了之后，并未强攻山峰，马谡反被由张郃率领的曹魏众兵围困在了山顶。等对方断了水道后，马谡这边军心大乱，无法控制，兵败而归。马谡失守街亭之后，原先诸葛亮的作战计划就无法实施了，而且还被迫上演了极为危险的一出“空城计”。之后诸葛亮被迫退回汉中，此次北伐曹魏的筹划也无奈流产。事后，诸葛亮只好忍痛命令将马谡革职入狱，并随后按照所立的军令状将其斩首示众。将马谡斩首之时，全军上下无不落泪，诸葛亮也忍不住痛哭失声，悔恨交加。

（资料来源：笔者根据多方资料整理而成）

案例启示：

“军中无戏言”“军令如山”乃是自古以来的带兵之道，它体现的公平公正的威严，进而可以达到令行禁止的指挥功效，并以此形成坚强的战斗力。一旦其严肃性丧失，指挥员的信用及威严也将荡然无存。

诸葛亮与马谡虽私交甚好，并一度将马谡暗定为自己的接班人。然军令无情，维系军令状的严肃性和公正性更为重要。这才有了挥泪斩马谡的事情。

当代中国同样有许多为了维护社会公平正义挺身而出、不惧威胁、长期坚持的“公正卫士”。例如，维权英雄杨剑昌表示，只要能够帮助老百姓解决问题，再苦再累也是值得的。他曾被评为“全国维护消费者权益十佳”，是2001年“全国‘3·15’金质奖章”获得者。

一个社会选择了何种“公正”标准，也就决定了社会的公共价值基础，它将影响该社会未来的价值体系，人们的经济活动也将受到影响和制约，该社会的商业伦理观必将是其影响下的产物。从历史实践来看，由于选择的不同，社会的公共价值观也就不同。中国选择的是以个人服从集体利益的社会价值观，就使得我们拥有了一个长期的相对稳定的农业社会，也使我们的农业文明达到了很高的境界，这也是中华文明的骄傲。西方的社会价值观带来的是相对动荡的农牧文明，以及欧洲长期的分裂的版图，并较早地形成了商业贸易的活跃及发达，以及促使了科技和各类思想的发展，最终促使了资本主义经济及资本主义制度的诞生。

中华民族是一个充满智慧和生命力的民族，我们以拥有十四亿人口的世界人口第一大国的体量，创造出了人类文明史上最快的经济发展速度，成为世界第二大经济体，形成了让世界羡慕的文明和谐的社会，这就是文明的力量，这就是道德的力量。

此外，公正与否也是人们衡量一个社会或具体事物的道德参照，是社会运用道德伦理观的具体体现。除法律之外，影响社会的途径还有社会舆论，其是道德伦理影响社会的主要途径，它是社会伦理的评判场所，传达着价值的无形力量。需要注意的是舆论并不是恒定不变的，它是社会价值观和大众情绪的即时反映。同样一件事放在不同的社会里，甚至是同一个社会的不同时期里，也可能出现完全不同的舆论评价。舆论的道德基础是社会的公序良俗，以及时代带来的时代风气。20 世纪 50 年代我国的社会风气是崇尚朴素、大方的劳动者气质，崇尚劳动光荣。人们对社会公正的理解和标准，清晰而朴实，对贪污腐败现象是零容忍，社会中极少有人会炫耀财富，就算是家底丰厚的民族资本家，也不愿意表现出自己的财富。人类社会的公正道义应该是社会舆论的精神脊梁，这样的舆论才有主持社会公义的价值。

第三节　社会舆论的力量

讨论公正问题还会涉及是否能够公允地评价事物。伦理道德往往通过社会舆论来影响事物，什么是公正、什么是是非曲直、如何评价事物，回答这些问题，也是伦理道德的重要社会责任。社会的差别、发展时期的相异，都会产生不同的评价标准。但舆论的作用是不可小觑的，中国传统中就有“人言可畏”的说法。

一、“人言可畏”的真实

20世纪30年代，有一位著名女明星，她经人介绍进入明星影片公司开启了她的演艺生涯，并主演过多部知名影片。在第14届金鸡百花电影节上，她被评选为中国百年电影史上最出色的100位电影演员之一。然而，在取得巨大的演艺事业成就的同时，她的个人生活却是极其不幸的。

出了名的她因个人情感纠纷而深陷诉讼之中，所有个人隐私被各大新闻媒体争相爆料，甚至被添醋加油地扭曲事实，她被逼得无法出门，昔日的大明星成了丑闻主角。人言可畏，众口铄金——舆论是可以杀人的。在现实生活中，她因个人生活的不幸导致名誉受到损害，最终丧失了再次追求幸福的机会。

二、舆论的监督

这一案例充分显示出社会媒体在发挥舆论监督作用方面的正向力量，它反映的是社会舆论的良知与责任。舆论往往会通过对市场上部分企业在商业活动中的不诚信、不道德、有悖商业伦理的行为进行曝光及评论，进而维护社会的公序良俗，弘扬正能量的社会风气，达到声张社会公义、公正的目的。

以国家主流媒体为代表的主流舆论在这方面也做了大量的努力，如中央广播电视总台从1991年3月15日开始，每年由国家级媒体联合政府有关部门举办的“3·15”大型公益晚会努力维护着消费者的合法权益，希望利用舆论的力量来推动我国市场经济秩序更加规范，并致力于促进社会的法治建设。晚会倡导让每个消费者在法治的阳光下，能够更有尊严地维护自己的合法权益。同时，晚会更鼓励企业经营者要诚实、守信地开展经营活动。市场的监管者们也要坚持做到依法监管、从严执法，忠诚地维护市场的正常秩序。这就是社会舆论通过媒体平台对商业领域中非法，或者不道德的商业行为进行舆论监督和舆论评判的努力。此外，这种方式还希望通过舆论的力量对出现的违法、违规者进行曝光，并督促执法部门给予惩治，从而达到维系商业秩序和净化商业市场环境的目的。

总体来看，人类具有共同的伦理道德标准。当然，东西方部分传统观点的不同，也会使各自的商业伦理中有一些倾向性的差异。因为商业伦理本身就是社会伦理的组成部分，它必定会受到不同社会文化的影响。

第四节　金钱的道德边界在哪里

英国博物学家达尔文在《物种起源》中，描述了生命从初级到高级、由简单生命到复杂的演变过程。1871 年他出版了《人类的起源与性的选择艺术》一书，在书中达尔文通过许多证据来证明人类是由古猿进化而来的。

相较于人类，其他更低级的生命体，或者说其他更低级的动物所需的生命维护能力，更多的是利用与生俱来的天赋来解决的。由于它们生存的形态较为简单，生下来以后无须更多的后天物资支持，如自带皮毛而无须衣物、赤足而行无须鞋袜、直接食用食物而无须食品加工等。在维系生命方面，它们对外界附加的物质需求很少，主要是围绕着饮食，就是要解决它们的能量摄入问题。而人类则不同。

从大脑智慧进化角度来说，现代人已经远远超越了其他物种，这就使得我们能够在地球表面建立起一个人工创造的人类文明。然而，与此同时，现代人对外部的物质需求远大于其他动物和原始人类。首先，人需要一件能防寒保暖的衣服，走路需要有鞋子和袜子，甚至食物也需要通过加工后才能食用，柴、米、油、盐、酱、醋、茶都需要购买。其次，我们出行依赖于各种交通工具，日常的生活、学习、工作、娱乐等都需要大量的物质因素来构成。居住就要有房子，睡觉也要有床，平时的娱乐，如看电视、看书、看报，甚至玩游戏都需要相应的工具。所以说，现代的人类对外部物质的依赖性是非常强的，或者说外部的物质条件已是人类不可或缺的生存前提。所有这些外部物质条件都需要通过人类相互之间的协作劳动去创造，再通过交换后最终才能为每一个个体所使用。而交换过程中它就需要交换的等价物，也就是我们说的金钱。

一、金钱能做什么

人类对金钱的依赖和需求只是一个表象，其背后的逻辑是需要通过钱才能换来所需的生存条件，包括不断提高生活品质所需要的各种物品。

现代人有的时候感到很累，总是想能不能像过去那样活得简单一点。就如孔子描述颜回一样：一箪食，一瓢饮。其实，即使在两千多年前孔子和颜回生活的年代，也需要去购买其他人生产的东西，如生产、生活用品及食物，只是那时的物质需求相对简单而已。进入现代社会，随着科技的进步及各种新产品的出现，在使现代人的生活变得日趋五彩缤纷的同时，人们对物质的需求也越来越多了。例如，从早期的手表、缝纫机、自行车，到后来的音响、电视、摩托车，再到手机（大哥大）、汽车、房子，不断提高的物质欲望，将人们对物质的追求也在不断地推高，这一切都强化着金钱的作用。

《百万英镑》是美国作家马克·吐温创作的中短篇小说，该小说讲述了一位因一场海上事故意外来到了伦敦的美国青年亨利·亚当，当时亚当身无分文、四处求助被拒，这种窘况刚好被两位富翁发现，这两位富翁兄弟正在打赌，看看仅是拥有一张无法兑现的百万大钞的外来人，在伦敦是否能够生存。他们将该钞票借给了亨利·亚当，想看身无分文的他在一个月内将如何生存。然而戏剧性的是当一个月期限到来时，亚当不但没有被捕或饿死，反而奇迹般地成为了一个真的富翁。在这一个月里，社会上的各式人物纷纷拜倒在这张百万大钞之下，并自愿为亚当提供各种免费的服务及各种机会。马克·吐温通过其特有的讽刺与幽默，活灵活现地揭露了当时整个资本主义社会所崇尚的拜金主义风气。

马克·吐温在美国当年的淘金热中曾有过投资股票血本无归的惨痛经历，当时他的股票投资是屡买屡跌，到头来只好放弃投资发财的梦想。青年时期的一些遭遇，也使他认清了市场的残酷性和人性的唯利是图性。通过这部小说，马克·吐温就是要揭露无论是贵为王公贵族还是社会中的平民百姓，在金钱面前人性就会变得扭曲，表现出荒诞滑稽的种种丑态。可以看出，有钱能使鬼推磨并非浪得虚名，小说的中心思想就是对横行于资本主义社会中的拜金主义进行嘲讽和批判。

关于金钱的力量，同样在中国清朝时期也有很著名的两篇小说进行了描述，一篇是《官场现行记》，另一篇是《儒林外史》。

《官场现行记》的作者李伯元出生于晚清时期一个书香门第之家，他幼年丧父，所以无法再继续念书，只得投奔父亲的堂兄弟。该书辛辣地揭露了晚清时期官场的腐朽和黑暗的封建制度，书中的人物也是以真人真事为基础的。书中对封建官僚体系中各级的官僚形象进行了生动的描述，这些官吏们无论官居何位都以谋财为目的，为了获得金钱可以说是八仙过海各显神通，大有大吃，小有小拿。小说把见钱眼开、视财如命的一群贪官污吏描述的活灵活现。这种道德沦丧的官场中人都是以升官发财为他们的人生目标，所谓家国情怀早已被抛到九霄云外了。那么国家还有什么前途，人民也只能忍受他们的鱼肉，这就注定了封建王朝必然灭亡的结局。

《儒林外史》的作者吴敬梓出自名门世家，其家族先后出过六名进士，其中包括榜眼一名、探花一名，他的父亲吴霖是康熙时期的拔贡。吴敬梓在书中直白地刻画了各类人物对功名富贵的各种表现，一方面，真实地描写了金钱对人性的腐蚀过程，揭露了当时封建礼教的伪善，批判了科举制度的弊端，讽刺了封建官场的腐败。另一方面，对能够坚守人性底线的人物进行了热情的褒扬，从中可以看出吴敬梓内心中的理想追求及对未来社会的希望。

这些讽刺故事都来源于社会生活中的真实事件，也是当时社会生态的具体表现。虽然时代早已变迁，但金钱仍在人们的日常生活里，或者是商业活动中，甚至在各个社会组织之间、国家之间、国家集团之间发挥着作用。19 世纪英国首相帕麦斯顿说的一句话——“大英帝国没有永远的朋友，只有永远的利益”——成为了英国外交的金科玉律。一个世纪后，英国首相丘吉尔又发出感慨：“国与国之间没有永远的朋友，只有永远的利益。”这句话也充分说明了即使是国家和国家之间的关系，也表现为利益与利益之间的关系，国家利益至上也已经作为了各国交往的前提和基础。可以说市场经济发展到今天，它的影响已经充分地扩展到全球化后的各个国家、各个民族、各个洲际的每一个角落。

二、金钱不能做什么

其实金钱并不是万能的，因为金钱是人类为便于自己的交易而创造出来的物品。在大自然中，自然界所有的法则和规律都不因金钱而发生变化。例如，无论多么富有的人，最终都会有一死，这也是金钱无法改变的自然规律。

在人类之外的其他动物界金钱也是无效的。举个例子,《水浒》中好汉武松过景阳冈碰到老虎时，如果他从腰包里掏出银子来说："我给你银子，你不要吃我。"这对老虎来讲是无效的。所以，首先从物理角度出发，金钱的作用是不能够超越人的能力范围的，因为对金钱的追求是受人的欲望驱使的，金钱只在人的欲望范围内和能力范围内才起作用，而且还要通过人才能起作用。

此外，即使对于人类而言，在爱情等情感方面金钱也不是万能的。从古至今在许多的爱情故事中，男女双方为了爱情可以漠视一切利益、金钱、权势的诱惑和压力，甚至付出自己的生命，如梁山伯与祝英台的爱情故事。

由此可见，无论是在自然界还是在人类的生活中，都存在着金钱无法到达或主导的领域，在人的价值观中始终存在着高于金钱的价值。

三、金钱不应该做什么

通过前面的分析及讨论我们可以看到，虽然存在着金钱无法左右的领域，但金钱的作用也确实是巨大的。毋庸置疑，在人类漫长的文明史上，在绝大多数的情况下，对财富的追求始终是人们辛勤劳作的主要目的，这是由人类的生存需求所决定的。而且随着科技的进步，各种新兴产品和服务不断地被创造出来，从而使人类的生活品质得到了逐步提升。回顾近几十年的社会发展，我国人民的生活水平发生了翻天覆地的变化，但同时我们也要防止出现社会的过度商业化。在西方的资本主义社会里，就已经出现了金钱能够主导许多非经济领域的现象，如在美国一些城市的监狱里，只要给钱就能升级牢房，住进安静、干净的单人牢房。或者是每年多支付约 2000 美元的费用，就能得到“礼宾”医生提供的咨询及快速就医的机会。这类事情虽说并不违法，但都会涉及用钱来解决一些非经济问题是否合适的问题，或者说将社会的多数问题交由金钱来解决是否道德的问题。当金钱进入并主宰了本不该由金钱来左右的领域时，这对社会意味着什么？任何一个社会都有着人们应遵守的公序良俗，不应该出现因为某人有钱就可以例外的事件，因为这有悖伦理道德，而伦理道德绝不是可以买卖的商品，它是社会的良知和底线。在现实生活里，有时我们会见到或听到有些人总想利用金钱让自己成为例外，在这些人看来财富才是他们赖以生存的因素，而道德并不能让人生存。可能他们已经看不清能让他们生存的原因恰好就是因为法律与伦理道德的存在，如果这些因素不存在了，一切的个人财富都只不过是别人的猎物，任何财富都将变成随时被抢走或被盗走的“浮财”，那么人类就回到了最初的“丛林世界”。我们究竟应该以什么样的方式在一起生活，我们愿意生活在一个一切都能买卖的社会里吗？或者说，由金钱作为唯一主宰的社会是否是我们想要的社会，在这样的社会里存在着普遍的大众幸福吗？当前，中产阶级以下的绝大多数的人普遍存在着焦虑感，而且这种焦虑感已将中产阶级卷入其中，这难道不是事实吗？作为健康文明的社会，应保持一个分层有序的价值体系，文化、科学与教育、政治、宗教、经济、军事等社会领域都应有适合的价值标准，而金钱不应该进入这些领域。金钱不应该成为唯一的价值标准，金钱应该仅是物质世界中人类经济财富的代理人，伦理道德更不应该是金钱可以买卖的商品，这是人类的精神财富。

章末案例

福耀的价值选择

名扬海内外的福耀集团在20世纪90年代曾经有一位黄姓的副董事长，这是一位主要研究塑料的博士，是高分子方面的专家，所以人们称他为“黄博士”。当时他占有福耀集团10%的股份，也正是他建议福耀上高分子项目，并且项目由福耀集团占51%股份，他占49%。

项目启动后，黄博士就推荐购买美国一家公司的设备，并表示他与对方很熟，可以拿到较大的优惠。当美方报价过来后，他就跟福耀集团董事长曹德旺表示，对方报价是350万美元，这个价如果由福耀集团自己去谈可能会要几千万美元。然而他并不知道曹德旺也收到了美方的报价，美方报价是315万美元。曹德旺不动声色地说，你是专家，懂技术，就请你起草一份技术合同，以便了解有关技术问题。黄博士当场答应立即展开准备工作。没想到，第二天黄博士说因为他和对方很熟，所以无须准备技术合同。曹德旺一下子就看出来这位黄博士是不想让他了解更多的技术细节，也表明他是铁了心要吃中间的回扣。曹德旺依然不动声色地说，技术合同是国家有关部门的规定，是必须要提供的。听了这番话，黄博士表示他个人可以做担保，还是不愿意准备技术合同。曹德旺就顺势要求他以在福耀的股权做担保，黄博士一听立即满口答应，他一心想的是只要能签约并拿到钱，其他都无所谓。

然而，签约半年后美方的设备仍未发货，曹德旺就向黄博士追问原因，不料，黄博士急忙说美方那家公司破产了。为此，福耀集团就直接和美方联系，美方则明确表示黄博士有欺诈行为，并愿意亲自过来提供证据。

为了保险起见，这次会面曹德旺准备了三个翻译。会谈开始后，美方当着黄博士的面向曹德旺介绍了价格谈判实情：开始美方的报价是315万美元，后经和黄博士的谈判最终是300万美元，而黄博士却欺诈福耀集团说是350万美元，这种行为在美国是要坐牢5～10年的。出乎所有人的意料，就在黄博士要跳起反驳时，曹德旺却平静地说那50万美元是有关打点所需的经费，是我方内部的事，但美方据此不发货就属理亏了，美方必须依约发货。这下美方和黄博士都愣住了，美方反映过来后仰天大笑，表示愿意继续履约，并说在他见过的中国人中曹德旺是最聪明的。

事后，黄博士请曹德旺吃饭，并愿意给他10万美元表示感谢。曹德旺拒绝之后让对方做两种选择：一是将事情交给公司董事会，采用“公了”的方式；二是由黄博士回购福耀集团在高分子项目上的股权，这件事就“私了”。今后该项目由黄博士自己去做，和福耀集团无关，因为他这种人品不配与福耀集团合作。经过权衡后，黄博士只得卖出自己在福耀集团的股份，再回购福耀集团在高分子项目中的股权。从此，黄博士这个人就永远地离开了福耀集团，这也是曹德旺对他因为失信贪污而给予的惩罚。

更让人意想不到的是此后发生的附加悲剧：黄博士又以项目的设备做抵押，从当地的一家银行骗出了2000多万元，之后便连同那些设备一起消失得无影无踪，最后将空空如也的厂房留给了尴尬的银行。在经历了多次流拍后，又由福耀集团以600万元买了回来。

（资料来源：笔者根据曹德旺所著《心若菩提》整理而成）

案例启示：

此案例向我们提供了几点思考：一是如何运用好契约关系的法律效力，随之通过成本最小的方式解决企业内出现的欺诈贪污行为；二是企业的决策者要经得起利益的诱惑，在此案例中，黄博士就企图用10万美元诱惑曹德旺，但曹德旺嗤之以鼻，并明确指出对方不配和福耀集团合作；三是企业管理中商业伦理的作用就含有对人的道德判断，以及选择时的决断。

在此案例中，无论黄博士是否专业能力很强，只要这是一个道德缺失的人就坚决不能合作，就算是已经开始的合作也要想办法解除。曹德旺在对方不愿意提供技术合同时就已经看出他的居心不良，但当时还只是判断，所以曹德旺并未直接指出，而是要求对方将其在福耀集团的股权做了一个担保，就等东窗事发之时迫使对方回购福耀集团在高分子项目的股权，让福耀集团能够从该项目全身而退，同时也使对方退出福耀集团，从而保护好福耀集团管理团队内部的道德纯净度。在企业管理中，管理层的道德及价值观的一致性是至关重要的，企业的道德良知是不能买卖的。

本章小结

市场经济早期是通过自由经济来激发积极的市场活力的，它强调的是交易的公正性和等值性。随着工业化的不断发展，市场需求开始成为左右市场的核心因素，需求决定了商品的价值，“消费至上”成为了商业伦理的主导力量。为了解决经济危机这一自由经济的不治之症，社会呼唤政府对市场进行合理调控。社会经济的生存与发展都以建设良性社会为目标，这就需要维护社会的公平正义，而公正的标准将影响社会的走势。

不管怎样，人类不能毫无道德地进行财富追求，拜金主义的社会并不是人类的幸福家园。要将财富的家园建立在道德的土壤之上，让财富欲望驱使的“车辆”，行驶在道德的“交通规则”之下。

下面我们将一起看看在商业活动中，商业伦理的作用是如何体现的，商业伦理在商业经济中的位置应处在何处。

03

第三章

商业伦理与商业活动的关系

世界上最无价的东西是人心，要赢得别人的心，只有拿自己的心去交换。

海尔集团创始人　张瑞敏

本章综述

到底什么是商业活动基础？有人会说人的交易需求是商业活动的前提，这当然是有道理的。但实现交易的基础是交易的等值性和买卖双方必须具有的基本互信，而人与人的互信是构成交易不断发生的基础。商业伦理和商业活动的关系要从人、企业和市场等几个层面来看，所谓“亚当·斯密问题”就是要讨论“道德人”和“商业人”孰是孰非的问题。作为专门从事商品买卖的商人，就是这两种人的复合体，必须要建立起自己的信用。企业的战略选择影响着企业伦理的“含金量”，市场的竞争是否在良性范围内也是商业伦理有效性的客观反映。此外，垄断经济的出现，也是对资本主义正义的挑战。当市场缺失了道德底线的约束时，市场将难免出现恶性的竞争及垄断强权，这绝对不是商业的福音。

第一节 “亚当·斯密问题”

一切商业经营活动的前提必须是人的介入，也就是说，只有商人及其相关人员之间的商业往来才能真实地构成商业经营的现实活动，人的因素是商业经营活动的前提和基础。商业伦理并不能以理论的形式单独作用于商业经济活动，商业伦理必须物化到具体的商人思想意识中才能产生作用。

同时，商业伦理作为商业行为规范是不可能自行约束和引导商业经营活动的，具有不同商业伦理观的人是形成商业伦理行为规范的主导因素，具有不同商业伦理意识的人也会产生出不同的市场伦理效应。前面提到过，“商业伦理”本身就含有矛盾性的因素，这是因为商业追求的是利己性的收益，甚至是最大化的利益，而伦理则是强调利他性的社会道德追求。一个利己、一个利他，一个商业利益、一个道德伦理，这本身就带有相当的矛盾性。那么，人到底是“商业人”还是“道德人”？

19世纪中叶，德国历史学派认为亚当·斯密的《道德情操论》和《国富论》两本书本身就是互相矛盾的。他们认为前者说人应该是具有道德伦理观的，人的本性是一个崇尚公利道德的“道德人”；而后者却认为人的本性是追求私利的“商业人”。亚当·斯密到底要说明人是“道德人”还是“商业人”？由此便出现了所谓“亚当·斯密问题”。亚当·斯密在写《道德情操论》时是受到了休谟的怜悯观及把仁慈做为伦理基础的影响，将同情心作为了人性的基础，这与孟子性本善的观点类似。他强调的是一个本真的人性必须具有同情心。也就是说，人性本身一定是一个完整的统一体，“善”的道德情操是很重要的人性标准之一。在社会中，每一个人都应该遵守道德情操规范和具有以同情心为基础的利他心。而写作《国富论》时，亚当·斯密去到法国并受到了法国重农学派里唯物主义哲学思想的启发，这就使得《国富论》的理论转向了利己主义。这样，两部书就形成了利他性的道德情操和商业利己之间的矛盾。“亚当·斯密问题”引发了德国历史学派和边际学派之间强烈的分歧，它所讨论的核心就是亚当·斯密的《国富论》和《道德情操论》之间商业学与道德学二者到底存在着什么样的一种联系。从更大的范围上来看，“亚当·斯密问题”所包含的内在矛盾是资本主义社会必须要认清的商业与伦理之间相互的联系和作用，直至人类一切社会中两者的矛盾和关系。这一问题的争论也经历了一个不断变化、是非转化的发展历程，我们可以从微观、中观和宏观三个层面对其逻辑运动的过程加以讨论和分析。

从微观的角度来看，“亚当·斯密问题”仅指亚当·斯密的《道德情操论》与《国富论》这两本书之间的矛盾，是他的伦理学与他的商业学理论之间存在的矛盾。

从中观的角度来看，“亚当·斯密问题”所说的是他当年所处时代的资本主义社会里的商业与伦理之间的矛盾关系。这说明在资本主义社会初始阶段商业与伦理之间的矛盾就已经出现了，也许亚当·斯密当初还没有完全感受到这一点。从哲学的角度来看，这种关系也是一个由肯定到否定，再由否定到否定之否定的辩证变化过程。由于当时社会经济活动仍处在资本主义的初始时期，这一阶段的西方古典经济学理论与所谓资本主义正义的关系是处于相互肯定的状态，也就是这一时期资本主义经济与伦理之间是一种相互佐证、相互肯定的关系。此后，随着放任发展的市场经济开始呈现出逐步失衡、失控的局面，经济危机开始不断爆发，经济社会也受到了巨大的打击。最终市场经济的竞争产生出了以寡头经济、垄断经济为代表的经济特征，资本主义经济学与伦理学也逐渐各自分离发展进而开始分道扬镳，它们之间开始转变为相互否定的关系。来到当代，市场经济因其以利润为单一的追求目标，经济的增长造成了生态环境破坏等社会问题，经济运行过程中也不断出现金融危机等极端恶劣的后果。这就促使人们对这些现实的困境进行反思，从而重新要求社会再次回归到经济与伦理的统一中去。由此，资本主义商业学与伦理学便又开始转变出否定之否定的哲学现象，两者又进入互相作用、相互促进的状态。因此，从中观角度来看，“亚当·斯密问题”指的是市场经济里商业与伦理之间矛盾的动态的转化问题。

从宏观的角度来看，“亚当·斯密问题”又是一个普遍存在的人类道德与经济利益之间的矛盾。这种矛盾贯穿于整个人类社会，只是它还有着较明显的阶段性特征。亚当·斯密所处的时代只是人类历史长河中的某一阶段，他只是在那个历史时点上分别从道德伦理的角度和经济利益的角度来展开分析。首先，这种分析带有特定的历史特征和局限性，是从传统的封建社会向资本主义社会转型时期的产物；其次，他的分析方式从单一角度出发，分别对道德伦理和经济问题展开分析，属于单纯的理论推论式的思考，而社会实践并不会按照惯性的理论模式来发展。至今为止，人类对自身经济活动的认知还是“走在路上”的，也许“亚当·斯密问题”永远都会浮现。这可能反映了客观世界的一个必然现象：一切事物的运动和变化都将是在矛盾中进行的，也可能经历矛盾中的肯定与否定的多次循环，在中国的易经文化中我们也能感受到相同的结果。

对于“亚当·斯密问题”，人们会给出不同的理解。一种理解是，他把商业人和道德人分为两种人来看。前者只追求个人的经济利益，为此可以完全不顾及其他人的权益和社会公义；后者则遵循伦理道德，表现为充满了公益心和社会同情心，具有完全的奉献精神。现实中人们往往对第一种人进行贬斥，而对第二种人进行褒扬，道德人被赋予无上的价值，被尊为社会楷模。然而这种将人进行理想化分类方式是无法成立的，因为现实生活里就不存在这两种人，这是一种理论上创造出来的对立。如果说生活中确实有把赚钱作为唯一的人生追求的人，但他的实际生活及商业行为还是要具有一定的利他性，否则他的人生就谈不上亲情、爱情、友情及商业伙伴，他的赚钱之路也会难以持续。同时，所谓完全的道德人在社会现实中也是不存在的，因为现实中的人很难真正完全摆脱物质利益的束缚，人的存在就决定了人不能不重视基本的物质需求，道德的目的并不要求人们放弃合理的、合法的利益。

另一种理解是，他只是指出了现实生活中追求自利是人的自然选择的事实，现实中的人也只是本能的自利，同时本能并不能使人自然成为道德利他的人。亚当·斯密也强调了在商业活动中存在着互惠贸易的普遍性，说明了其能够广泛地被社会所接受，现实中互惠行为的必要性就决定了其结果是具有利他性的。

单纯的自利行为是可预判的、有规律的，由于自利的经济行为并不必然是损人的。在亚当·斯密看来，自利是市场经济条件下人类生活的必然选择，而道德并不是人们的一种自主的必然选择。他不认为从道德上做善、恶的判断是经济活动的必须，认为只有当自利动机或行为对他人或社会利益产生影响时才会出现道德判断的问题，这时道德的判断才具有合法性。

把经济人和道德人不做分割式的解读，而把他们视为同一交换行为主体同时存在的双方，这才是对经济人和道德人关系的正确理解。人既有利己的本能，也同样具有利他的属性。而利己和利他在现实的商业行为中是必须同时存在的，而不是矛盾地存在着。它们的出发点或许是矛盾的，但是在实际的商业活动中不具有利他性的利益分配是难以进行交易的。所以，在商业活动中，利己性和利他性是一种对立统一的矛盾关系，它必然是自然的同时存在。从这点来说，所谓"亚当·斯密问题"其实并不是无法解决的，而只是产生于绝对性的一种思考。亚当·斯密的《道德情操论》和《国富论》在人性方面的论述上并不是不可调和地对立的，只是从不同的角度来分析人性。

此外，亚当·斯密是从两个不同的出发点进行分析的，同情心是道德论的出发点，利己心是经济论的出发点。而在商业活动中，这两者是通过"看不见的手"即市场规律来进行协调的。亚当·斯密认为，伦理是"看不见的手"先天就有的内在属性，在《道德情操论》中就有这样的观点：虽说富人使用了成千上万的穷人来干活，他的出发点也仅仅是为了达到自身无止境的私欲。但同时，富人们也不自觉地受到一只"看不见的手"的控制，这只手进行着必要生活所需的分配，从而也使劳作的穷人有所收益。也许富人本身并没有预期到这一结果，但客观上是维护了社会的利益。

同样，亚当·斯密在《国富论》中也阐述了每个人只会考虑自己的安全和收益，但都受一只"看不见的手"的指令去全力实现一个和他本意无关的目的。同时，也不会因为非其本意而有害于社会。实际上，正是因为每个人执着地寻求自身的利益，反而经常会使社会利益得到更好的维护，他的这些论述让我们明白了“看不见的手”的伦理属性。在这两本书中，亚当·斯密都谈到了那只“看不见的手”在平衡和调节着贫富之间和公私之间的关系。所谓“看不见的手”指的是市场规律，实际上就是社会规律和经济规律的自然法则，一切也都是由自然法则来决定的。这只“看不见的手”通过其无形的力量在悄无声息地协调着各方的利益。

一切商业买卖的前提是人与人之间相互的信任，持续的商业经营活动更需要以相互的信任作为最主要的、核心的必要条件。信用是商业伦理最基本的要素，是商业伦理在社会实践中的主要体现。具体到个人从事商业活动，每一个个体的信用口碑和履约记录将成为个人的商业价值的基本要素，商业从业者的人品及操守会成为其在社会中赖以生存和获得信任的重要商业价值标准。

福耀集团创始人曹德旺就是非常有代表性的人物。他从 1976 年进入乡镇企业做玻璃，1983 年通过承包工厂盈利后于 1987 年与他人合资组建了福耀集团。经过几十年的艰辛努力及持续发展，目前福耀集团已发展成为世界排名第一的汽车玻璃制造商。2009 年曹德旺获得了“安永全球企业家奖”，2016 年曹德旺荣获了全球玻璃协会颁发的“凤凰奖”。同时，他也不断地在回报着社会，从 1983 年开始的第一次捐款至今，曹德旺累计个人捐款有 100 多亿元，成为了中国的首善。

在《心若菩提》中，曹德旺提到了他商业生涯的心路历程，特别是谈到他在贫困的少年时期受到了母亲的影响。他在回忆往事时写道：“母亲常说：‘天下没有人会同情你的贫困，贫穷也没有人为你解决；要摆脱贫穷，只有靠你自己的努力和拼搏。’‘穷不可怕，最怕的是没志气。’‘做人最重要的是人格的完整，最需要的是取得他人的信任。’这些话打小就深深地刻在了我的脑海里。”在后来的商业经营过程中，曹德旺始终坚守着小时候母亲给他打下的人格标准和守则，始终坚守着做人做事的底线原则，对商业合作伙伴讲信用、善待员工、回报社会，使自己的企业最终成长为一个有信用、有道德、有爱心的企业。

第二节　商业伦理是商业活动的前提

1959 年，日本企业家稻盛和夫创建了京都陶瓷公司（以下简称京瓷公司）。然而在创建公司之初稻盛和夫就一直为一件事苦恼，那就是公司靠什么来开展业务？估计这也是许多企业家在创业之初都要认真思索的问题。在公司开办之初，既缺钱又缺资源，也不具备了不起的能力和装备，只有一群相互信赖的同伴。他认为自己当初对经营一窍不通，也一直在寻找经营的依靠。通过反复的思考最终他认为找到了经营的依赖要素，那就是“人心”，因为当初他只有值得信赖的伙伴。他认为虽然人心多变，但只要相连、团结一致，就能成为世界上最牢固的一种力量。“人心”也就成为京瓷公司在创业时最有力的基础，这也许就是在别无优势情况下的无奈选择。然而，从企业各经营要素来讲，这应该是管理工作中最重要的因素。稻盛和夫认为，拥有人心是一切管理方式中的最佳方式。

稻盛和夫在创立了公司之后，团队内部的矛盾就不断显现，许多年轻的员工都质疑稻盛和夫经营的初衷。稻盛和夫一再表示，他本人丝毫没有仅站在经营者的立场上只顾自己好就行的想法。可见，在创业之初如果只考虑一己之私是无法团结众人的。连续会谈三天后，大家终于信服并接受了稻盛和夫的管理方式。经过这一系列的事情后，稻盛和夫就在考虑创立企业的意义是什么，公司存在的意义是什么？因为一开始就有许多争议。经过思考，他得出的结论是：企业存在的意义就是要为员工提供福利，能够通过员工在企业的工作来保障员工和他们家庭的利益，让他们获得幸福。推而广之，作为企业来讲，它存在的意义就是能够有利于社会的前进，能为全人类过上更加幸福的生活发挥自己应尽的作用，这样的企业才有存在的价值。

稻盛和夫在企业成立的早期就通过思考明确了企业的使命，这就使企业的存在和后来的行为目标有了道德伦理方面的意义。所以说，商业伦理是商业经营的基础。具有正确的道德伦理观的企业，在未来的经营过程中，才更容易团结内部的力量去战胜各种各样的困难，同时也更容易得到社会的认可和支持。

说到企业创始人，作为企业的管理者，稻盛和夫坚持做"有道德的人"的原则，并且将这种管理理念作为企业管理者的立身之本。作为企业的经营管理者，首先要解决的是自己的做人目标和原则是什么，它们是不是正确。只有树立了正确的做人准则，才能形成正确的企业经营哲学，这个企业才具有良性的"基因"，也就是有着良性的企业经营和管理的精神基因。正因如此，稻盛和夫得到了企业团队的认可，进而他将这一种哲学理念推广成为企业团队共同的做人原则。在企业众多的生产要素里其实最关键的还是人的因素，只有把企业中这个最重要的因素整合在一个正确的道路上，这个企业的核心竞争力才能产生，并持续地、良性地发展下去。

在人类各种组织中，这个道理都是相通的。

一切合法的人类组织，其共同的理念、规范更应当建立在社会道德伦理的底线之上。反之，单靠个人利益、个人追求整合在一起的这种组织或团队，只能是乌合之众。这种组织是很难行稳致远，现实中这类例子非常多。当年孟子见梁惠王的时候，孟子就有过类似的陈述。孟子说："王曰'何以利吾国'？大夫曰'何以利吾家'？士庶人曰'何以利吾身'？上下交征利而国危矣。万乘之国，弑其君者，必千乘之家；千乘之国，弑其君者，必百乘之家。万取千焉，千取百焉，不为不多矣。苟为后义而先利，不夺不餍。"这就说明，如果大家都是以利益当头，那再好的利益分配方案都很难满足个人私欲的膨胀，最终就会得致弑君这种悲剧的结果。商业伦理在企业经营管理中的运用，首先就是企业的经营理念，由此带出的企业愿景目标就必须符合社会的价值观，也就是说要符合公众道德伦理的规范。

商业伦理的重要性不仅体现在创业早期聚人的方面，当企业成长扩大时关于如何对企业进行分权管控方面，商业伦理更是具有不可或缺的核心作用。在京瓷公司创业早期，从产品研发到生产加工，再到市场营销，每个环节都是由稻盛和夫一个人管理的。随着业务量增大，企业规模也随之变大，各方面的情况日趋复杂，工作量也越加繁重，单靠经营者个人已无法兼顾公司管理的需求和压力，如果不授权他人来管理，那企业的管理必定是一片混乱，无法持续的。当直接要对 200 多人进行管理时，稻盛和夫的管理问题就浮现出来了。他明显感到分身乏术，困惑于如何进行分身管理。但如果他要授权给若干管理者，那就要求管理者们必须跟他一样，具有相同的经营理念和认真负责的经营态度，还要具有相同的商业伦理观，并具备相应的经营管理能力，进而成为一个个小的“复制出来”的经营者，能够自我进行核算、损益自负的独立经营。所谓“阿米巴”经营就源于这种需求而生。“阿米巴”原是指一种变形虫，稻盛和夫就是借其名来命名企业内部各个小的核算单位，并通过这种经营方式来达到控制越来越庞大的组织的目的。然而要推行“阿米巴”经营模式首先要具备以下两个管理及经营方面的前提。

一是企业管理者必须具有带领所辖员工去实现他们的合理需求的责任和胸怀，并有以服务社会为目标的管理理念。就是其商业目标及商业伦理观要符合企业的价值观，因为企业的价值观是要符合社会道德伦理观对企业的期盼的。企业家的人格魅力来源于公正无私的品德和行为，这是企业最大的道德凝聚力，也是调动员工积极性的最大动力。正确的商业伦理是开展商业经营的基础，它将影响并决定未来的商业经营能否良性地、可持续地发展。

二是所谓“哲学共有”，就是各“阿米巴”必须具有为其他“阿米巴”着想及服从企业大局观的公心。稻盛和夫哲学里有“以心为本的经营”“伙伴式经营”“动机至善，私心了无”及“玻璃般透明的经营”等经营理念。这些都再次说明了企业运营中利他性的道德规范是不可或缺的必要条件，良好的企业文化是企业一切软实力的源泉，也是打造和维系一切商业组织的原动力，在此基础上就可以建立起各“阿米巴”的独立核算体系与绩效评价体系。

通过采取“阿米巴”经营这一手法，稻盛和夫也进行了有效的分权设计，加强了企业的成长管控并确实取得了很大的成就。他从创建京瓷公司以来，经过几十年的努力，又于1984年创办了KDDI公司，并将其经营成为日本第二大综合电气通信运营商。这两家公司的销售额合计曾达到约4.6万亿日元，税前利润约5000亿日元，可见稻盛和夫的这一套“阿米巴”管理方式确实取得了非常辉煌的业绩。

但是，在管理过程中稻盛和夫特别强调，企业的管理始终离不开企业的经营管理哲学。他举了作为企业领导者需要具备经营管理哲学的一个例子：在推行“阿米巴”管理方式后，企业内部就时常会出现利害关系的对立和有损企业整体道德观念和利益的现象。各个“阿米巴”之间都会竞相低价买进，高价卖出，不断压低上一个“阿米巴”的价格并抬高对下一个“阿米巴”的售价，这些做法导致了内部利益和利害关系的对立，最终有损于公司整体的道德观念和利益。

例如，京瓷公司于1968年在美国西海岸设立了派驻事务所，第二年就成立了当地法人机构——京瓷国际公司，开始围绕硅谷进行精密陶瓷零部件的营销。但是每当出现索赔或交货期这些问题时，当地的销售公司与京瓷公司的生产部门之间就会产生问题。美国的销售公司会把自身业绩无法提高归咎于日本的生产部门，大洋彼岸抗议的电传经常源源不断地拥向日本。按理说，当客户提出索赔问题时生产部门与销售部门更需团结一致，共同努力挽回客户的信任。但在实际上，当面临危机时出现的却是内讧。当发生产品未能如期交货的纠纷时，当地人员就会推脱说这是京瓷公司生产部门的责任，是那边没能守约，客观上将内部的矛盾传给了客户。这种只考虑自己的面子而在内部推卸责任的做法，会使整个京瓷公司失去信用，再也拿不到订单。这种对立是出于保护自身利益的利己思想所造成的，当然这可能也和制度设计有关。“阿米巴”管理当初把公司化成一个个小组织，让它进行独立核算，其目的就是尽可能地提高各自部门的盈利。但是从另外一方面来看，这也容易导致出于局部利益的考虑而影响到与其他方关系的问题，这种经营方式会强化上述的倾向，会增加内部的矛盾，从而形成不和谐的企业文化。

稻盛和夫认为，当出现这种内部对立时，企业的领导者应该成为公正的裁判，因为裁判必须站在更高的层面上去判断思考，要建立这样的判断考虑的经营哲学，就是他常说的“做人何为正确”的这一判断基准。此外，还要防止领导者出现自以为是的思维方式，要强化领导者自我管理及自我约束的能力。

如果企业缺乏正确的经营哲学，就容易出现一些更极端的行为。比方说，当经营中出现问题时，有些企业就开始在财务报表上进行所谓的技术处理，因为如果企业如实地提供年报，没有业绩甚至亏损的年报会使企业因为消费者流失而蒙受损失。为了避免出现这种损失，如果没有正确的伦理观就可能出现不如实填报年报的行为，这种行为也会伴随着企业组织的利益日益凸显，涉及的范围也会日益扩大，就更容易出现类似的违法现象。然而即使是在许多中小企业中，这类伦理道德缺失的现象目前仍能见到。

专栏 3-1

“3·15 晚会”揭露的问题

通过了解，2020 年的“3·15 晚会”反映出仍有部分企业在生产活动中存在一些有悖商业伦理的行为。

一是江西省南昌市某连锁企业的部分门店里存在短斤少两的行为，在汉堡制作过程中为了能少放一片芝士或西红柿，制作者颇费心机地往汉堡中码放物料。在成品的生产日期上，当保质期快到期时管理人员就会吩咐员工撕下旧的标记，换上新的标记，让“当天制作”的汉堡粉墨登场。据记者的深入了解，店面的工作人员对此已经习以为常，当被问到这种操作是否担心总部的检查时，店面的员工却说：“他们很清楚这类操作，因为他们许多人本来就是从店面上去的。”当然已经有顾客投诉该店食品短斤少两或者感到食物不新鲜，并且还发生了有人吃了以后拉肚子的事件。

二是我国海参的主产区包含山东省某地区，2019 年 10 月有记者到当地调查时，发现在水塘边堆着几十个敌敌畏药瓶，在对养殖户做深入了解时这些养殖户告诉记者，这些药是用来杀死和驱赶对养殖海参不利的一些水中生物的，而且使用敌敌畏的情况在当地非常普遍。记者了解到海参具有很强的抗药性，还发现在养殖过程中养殖户还会将一些抗生素等兽药倒进养殖的水中，但对人而言食用带有药物和农药残留的海参自然是有害的。记者也看到养殖户将养殖区内含有农药的养殖海水直接排放回了海洋中，这也会造成海水的污染。记者还看到一些来自南方的商人在购买海参苗，据说是因为在南方海参会生长得更快，等到长成后再运回北方来加工销售，这又是因为北方的海参肉实，价格会更高一些，但普通的消费者一般是看不出区别的。

三是我国最大的毛巾生产基地在河北省某县，这里生产的毛巾约占全国产量的 1/3，每年生产毛巾达到 50 亿条。根据调查了解到，为了应对检查，当地的毛巾生产企业内都会有两种生产线：一种生产线的产品是符合相关标准的，而另一种则是不符合标准的，因为它使用的是更便宜的纱线来加工。调查者到了另一个村庄专门生产纱线的厂家调查，发现他们所用的原料基本上都是再生棉。在了解到这些再生棉的产地后，记者又专程去了位于河北省邯郸市的一些村镇，这里再生棉都是用一些旧衣物或边角料加工的，整个过程没有任何的消毒环节，而且产品上也没有任何的提示或警示。这些再生棉在纱线厂生产纱线的过程中没有任何消毒处理，这些纱线在出厂包装上也没有任何的警示或提示，最终到了毛巾厂同样也没有任何的消毒过程和在产品包装上的有所提示或警示。在这条完整的“黑心毛巾”的生产链里，每一个环节中的参与者对这些情况都是心照不宣的。

（资料来源：笔者根据多方资料整理而成）

案例启示：

由此可见，企业的商业伦理观正确与否对企业的影响是巨大和深远的，而且这种影响经常会远远地超出单一的企业范畴。企业的商业活动本来就是将各种社会资源整合运用，它的经营好坏会影响到所有的利益相关方。商业伦理的缺失将使企业像一头饥饿的“怪兽”冲向一切物品，失去理性地吞噬着各种社会资源，最终也会因“消化不良”致死。贫困或许是追求致富的原因，但绝不是无底线求财的理由，物质上的贫困是可以通过辛勤的劳动来改善的，而道德上的贫困会使社会滚入一个黑暗的境地，在那里人类的一切文明将会退回到一个兽化的动物世界里。

稻盛和夫认为，企业的伦理观并非什么高深、高明的哲学理念，而仅仅是类似不要说谎、要保持公正这些最朴实的道德要求。京瓷公司之所以取得成功，就在于他一直都很看重公道、忠诚、包容、尽心等非常朴实的价值观。同时，作为公司领导的稻盛和夫也要求自己必须是一个具有完美人格的人，并时时约束自己，磨炼自己的意志。可以看出，在企业经营的任何时期、任何情景下，坚持或者说坚守商业伦理和商业道德对企业的可持续发展和良性的运营是多么的重要。

《论语·卫灵公》篇中有这样的说法："子贡问为仁。子曰'工欲善其事，必先利其器'。"如果要使企业能够经营成功并最终获利，那么什么样的"器"才是企业的核心竞争力？也许有人会讲，这个"器"有很多方面，比方说作为搞产品开发的人就会认为有好的技术、好的产品就是获利的关键条件；做营销的人就会认为获取订单的能力才是企业获利的最关键要素；从事财务管理的人可能会认为有好的成本控制和资金效率是关键；企业经营人员会认为高效率的运营才是获利的关键要素。这些说法当然都会有具体的事例支持，也有一定的道理。但这只是从某一个具体的角度表述，企业的核心竞争力的手段要素是什么，如果真正从企业的整体层面来看，企业众多要素中最重要的当然还是人的因素。事情靠谱但人不靠谱，这件事就不会靠谱；事情不靠谱但人靠谱，最终的结果就会靠谱。企业内部如何能将人心团结起来，并获得外部社会的认可和支持，形成一个合力，这才是企业能够持续发展的关键。其实这就是伦理道德上的一种竞争力。商业领域里的竞争，说到底还是人与人之间的竞争。从更大的范畴上来看，应该是组织和组织之间的竞争。企业也是组织的一种形式，组织的竞争力也在于"人和"的力量。

中国有句老话，叫做"君子和而不同，小人同而不和"。人们可能因为各种原因组织起来形成一个团体，如若希望团体能走得远，至少不能把一群小人整合在一起。因为小人同而不和，他们的内耗、内斗，他们单一的利己追求及欲望无限制地扩张，会使这个组织无法持续地生存下去。

那么，能让更多的君子聚集到一个企业，关键的因素是什么？也许有人会说，那就是利益嘛，我把条件开好一点就行了。但是，人的欲望是无止境的，这种所谓的好条件是难以持续下去的，所以我们就会看到很多“挖墙角、见利忘义、为利所奔”等现象。所以，企业最佳的组织基础就应该像稻盛和夫开始创业时所致力的那样，解决人心的问题。如果能从制度设计、企业理念、发展目标、用人标准上获取人心，并形成一个公平、公正的企业经营环境，就一定能造就优质企业文化，从而吸引真正的人才加入。从这一点出发也可以看出伦理道德的作用。这绝不仅仅是说教，它是让企业的员工每天都能感受到的道德阳光的力量。当年万科公司的企业文化就是以简单不复杂、规范不权谋、透明不黑箱、责任不放任的理念而享誉业内。商业伦理在企业组织活动的初期直到全部发展过程中，都是持续的、非常重要的影响因素。所以，商业伦理是极具力量的一种软实力，是每一家企业都必须要重视的核心竞争力。

第三节　企业战略的伦理选择

那么企业的战略究竟该如何选择，什么样的选择是符合商业伦理的，它是否也符合企业的长远利益？一般来说，战略选择是指为了实现长期的发展，通过方案比对及分析做出判断的抉择行为。从更大的范围来看，它还包含为了实现战略选择而在前期做的一切必须的工作。战略定位是企业在战略规划时对自身的角色及方向的判断，企业的所有活动都是为了达成战略目标而展开的，它将涉及企业未来的发展方向、行动准则，以及公司的组织构成、核心技术、营销管理及管理机制等方面的内容。企业选择要考虑的因素既有商业和政治方面的，也有社会方面的，还有科技及道德伦理方面的。这里面的道德伦理因素指的是企业的选择必须要受到道德伦理及其价值观的约束，要符合法律及公序良俗，同时还要考虑是否会对消费者、投资者、员工和社会等企业的其他利益相关方造成损害。这就是对商业伦理的思考在企业战略谋划中日趋成为不容忽视的必要环节的原因，这类思考后的选择是企业科学决策的标志。

专栏 3-2

河盲症

河盲症就是盘尾丝虫病，当这种寄生虫进入人体后最终会使人失明，在非洲和拉丁美洲的热带偏远村庄中沿河居住的约 1700 万贫困人口都患有此病。河盲症是由一种通过黑蝇的叮咬并在人际间传播的微型寄生虫引起的。20 世纪后期，在非洲西部的一些村庄里，这种寄生虫使 55 岁以上的村民中有超过 60% 的人失明。据 WHO 的数据统计，这种疾病已经先后造成了 27 万人失明，80 万人视力受损。据估计，全世界约有超过 1 亿的人口生活在患上河盲症的风险之中，已经有 3700 万人口被感染。

这种黑蝇已经具有了抗药性，杀虫剂对它们不再有效用。当时唯一能够抑制人体中这类寄生虫生长的药品不仅太过昂贵、有极严重的副作用，并且还要求患者长期入院治病，对于居住在与世隔绝偏远村庄的贫苦人群来讲，这种治疗方法显然是不切实际的。因此，年轻人被迫逃离河岸地区，放弃了河边大片富饶的土地，而留下的人就不得不冒着失明的风险，甚至当地人将这一切看作生命中不可避免的一部分。

1980年，任职于美国默克公司的研究人员比尔·坎贝尔和默罕默德·阿齐兹发现了一种药物具有能够杀死河盲症害虫的迹象，这种药物当时是默克公司最畅销的兽药之一。曾经在非洲工作过并且对河盲症很熟悉的阿齐兹来到了为处于活性感染期的村民做药物实验的塞内加尔的达喀尔地区一家试验室，他惊讶地发现这种药物确实具有杀死这种寄生虫的功效。

阿齐兹在返回美国后，与坎贝尔一起去找了默克公司研发部门的负责人罗伊·瓦格罗斯。瓦格罗斯曾经是一位内科医师，他们一起向罗伊·瓦格罗斯展示了他们的研究成果，并建议默克公司开发这种药物的人类用药。

当时开发一种新药需要对该药进行美国政府指定的大规模临床研究，需要的费用会超过1亿美元。罗伊·瓦格罗斯意识到可能会有更大的问题，那就是即使他们成功地开发出了能治愈河盲症的人类用药，但很明显也没有办法将药物卖给那些需要的人，因为这些人非常穷，就算是每年只需要几美分他们也买不起，而且即使这些人买得起药物，又会由于他们住在偏远的地区，而无法接触到医院、医生、诊所或药店，大多数人几乎不可能买得到药。此外，一旦这种药对人体产生了严重的副作用，就有可能影响到其兽药型药品的市场销售，而后者每年正在为公司带来约3亿美元的收入。此外，如果一种较为便宜的人类用药被开发出来，它就很可能会通过走私而流入黑市，再回售给动物使用，这将不利于正在销售的兽药型药品。

默克公司虽然每年在全世界拥有20亿美元的销售额，但由于急速增加的新药开发成本及政府机构强制执行的越来越严苛和昂贵的管制，受当时基础科学突破艰难及公司研究项目生产率降低等因素的影响，公司销售净收入也在不断地减少。对于默克公司来说，承担这样一个成本高昂而且几乎没有盈利前景的项目将意味着什么？罗伊·瓦格罗斯后来写道："当时我上任还没多久，仍然在学习如何在公司管理环境中推进新药的研发。虽然过去在流水线方面自己为公司做出过很大的贡献，但目前还是一位有待被认可的商业新人，而且除了默罕默德·阿齐兹以外，公司几乎没有人熟悉该领域。当年公司首席执行官亨利·加兹登有理由为默克公司的这类新产品上线感到担忧，而目前是他在任用我来解决这个难题。对于我、默罕默德·阿齐兹和比尔·坎贝尔三个人来说，一个明显的事实是，即使新药对治疗河盲症非常有效，但它也不会使公司的收入攀升，不会让公司的股东感到满意，所以我不得不为自己和实验室承担一定的风险。"

然而，瓦格罗斯知道，他必须要做出决定并做出相应的选择，如他自己所说"出于对一个重要的伦理因素的考虑"，无论这件事会给公司和他个人带来什么样的压力，如果没有这类的新药，几百万人就将继续蒙受非常大的痛苦，摆脱不了部分甚至完全失明的人生命运。通过与比尔·坎贝尔、默罕默德·阿齐兹及其他同事交流之后，瓦格罗斯决心研制生产这种对消除人类痛苦非常必要的药品。而在当年的年末，他批准了一项预算——为开发治疗河盲症的新药提供了必要的资金支持。

默克公司用7年时间，最终研发出了治疗河盲症的新药。虽然新药研制出来了，但遗憾的是，正如瓦格罗斯早前所担心的，没有人来购买这种神奇的新药。随后几年，默克公司的许多领导，尤其是当时已担任公司首席执行官的瓦格罗斯分别向世界卫生组织、美国政府和受该疾病影响的国家政府请求前来购买治疗河盲症的新药，从而使受到河盲症威胁的1亿多人口受惠，但是他们却都没有回应默克公司的请求。

当没有人会购买治疗河盲症新药这个事实终于变成事实时，默克公司决定将新药免费派送给患者。然而，即使是这样的计划最后也被证明是难以实施的，因为正如早前所担心的，没有现成的派送渠道让药物能够送达患者的手中。默克公司开始和世界卫生组织开展合作，资助了一个国际委员会来筹建所需的基础设施，最终把药物安全地发放给了第三世界的人民，并确保药物不会被转入黑市出售来用于动物。为了负担研发、测试和派发治疗河盲症新药的活动，默克公司支出的费用已超过了2亿美元，这还不包括制造该药物本身的资金投入。截至2010年，默克公司已免费发出了总量不少于25亿片、价值大约35亿美元的治疗河盲症新药，为非洲、拉丁美洲和中东地区的8000万人提供了所需的药物。除了用药物来减轻河盲症带来的巨大痛苦，默克公司同时也将治疗橡皮肿病并进了该项目。橡皮肿是由寄生虫带来的常与河盲症并发的一种疾病，默克公司的研发人员发现该药也能治疗橡皮肿病。截至2010年，全球有超过3亿人收到了该药来治疗橡皮肿病，还有7000万人在2011年收到了该药物。

当被问及默克公司为什么投入这么多资金和努力来研发、制造和派送一种并不赚钱的药物时，公司CEO瓦格罗斯的观点是：面对给人类带来巨大痛苦的疾病，道德观及其责任让我们别无选择，只有全力以赴去研发能治愈这种疾病的药物。受到过这类疾病困扰的人们是不会忘记默克公司的付出的，我们也一定会获得他们发自内心的回报。过去这些年来，默克公司已经体会到了这些善举所带来的重要的长期战略优势。

（资料来源：曼纽尔·贝拉斯克斯《商业伦理的概念与案例》）

案例启示：

从这个案例我们可以看出，遵循商业伦理可以创造出获得机会的商誉和利益，它也是企业在进行战略选择时的最佳选择。在企业进行战略选择时，研究伦理其实很重要，因为人们经常搞不清楚到底什么是伦理行为。在默克公司的案例中，我们可以看到该公司的决定也存在着需要审慎思考的问题，但瓦格罗斯认定公司对于推进该药物的研发负有道德责任。然而，对其他人来说这个问题可能就不那么清楚。也就是说，虽然遵循伦理可能是最好的策略，但是具体行为的伦理内涵通常是不那么清晰的。

2014年9月19日，阿里巴巴在美国纽约股票交易所挂牌时，代表阿里巴巴现场敲钟的并不是创始人或公司高管，而是8位与阿里巴巴合作多年的普通客户。从表面来看是让公司的客户分享公司的荣耀，其实其背后的逻辑是让世界看到在阿里巴巴的背后是上亿客户的支撑，并形成了庞大的业务基础。更为重要的是，这一举措赢得了数以亿计的客户的心，它的潜台词就是阿里巴巴将形成更大的利益共同体，因为企业高管们的“谦逊”将“阿里巴巴”放到了伦理道德的高点。可见伦理因素在企业道路选择中是何等的重要。商业伦理不仅是社会各方面对企业的约束和要求，更是企业经营活动中获取社会资源和支持的最佳“吸金石”，也是企业整合内部力量的必需，它与资本、人才、技术、信息、外部条件等要素具有相同的功能和作用。它会有助于企业在未来的经营过程中实现成本的降低、效率的提高、是非的减少、合力的增大，同时也将大大减少因企业其他失误所带来的损失。正如企业管理界人们所说的那样：企业是通过各种竞争来保持自己的活力；而正确的决策则是能否抓住机会的关键，因为这涉及对机会的认识能力及抓住机会方法的选择；还有就是要依赖伦理的力量使企业能够生存下去，这是因为企业是各种社会资源聚合而成的，道德伦理是经久不衰的"黏合剂"，同时它也是财富最牢固的"保险箱"。

由此可以看出，商业伦理在企业的战略选择中起着非常重要的作用，它的作用概括起来有以下四个方面，如图 3-1 所示。

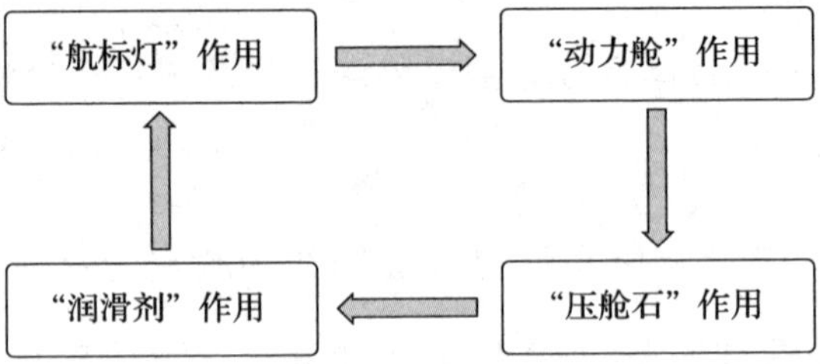

图 3-1　商业伦理的作用

一是"航标灯"作用。企业在选择发展战略时，首先是选择一个正向的企业发展目标，而这一类目标必须是符合社会道德伦理价值观的，所以它在道德伦理方面是一个"航标灯"的作用。

二是"动力舱"作用。由于有了道德伦理的目标，企业员工会自发地、努力地释放出许多正向的能量，产生主人翁意识，认识到自己在做有意义的工作，确信个人价值得到了充分的体现。

三是"润滑剂"作用。在企业的各种活动中，难免会有内部的矛盾及外部的纠纷。商业伦理作为一种约束手段，使我们的目标不至于有失公正，大家在处理纠纷的过程中，根据道德的利他性考虑他方的权益，使各方都在道德伦理的框架内做出适当的让度。

四是“压舱石”作用。企业在执行决策和进行商业活动时，必将面临多种不可预见的问题和挑战。在这个时候，因为有了道德伦理的凝聚力作用，就容易团结企业员工，将外部各方的力量整合起来，增强企业抵御风险、平稳度过难关的力量。

第四节　市场竞争中的商业伦理困局

在日趋激烈的市场竞争中，各竞争方为了获取自身的利益会主动或被动地采取各种竞争手段。如果商业伦理被淡忘或漠视，难免会导致恶性竞争事件的发生。

专栏 3-3

恶性竞争

网上曾经热评的两家二手车网站相互打官司的新闻，由于A二手车直卖网站的宣传中出现了“全国领先”等类似的用词，引发了B二手车网站对这类行为的诉讼。B网站以对方有不正当竞争行为的理由将A网站告到法院，并提出了相应的索赔要求。

没有想到的是，一个月后A网站也将B网站告到了法院，认为对方使用的“买车零首付，三天包卖”等宣传语属于《反不正当竞争法》中认定的虚假广告宣传行为，要求法院制止对方的违法行为并赔偿自己的经济损失 1000 万元。

此外，两家外卖平台纠纷又起风波。有一家小吃店曾同时加入 A、B 两个外卖平台，B 平台却联合该小吃店在其订餐的页面上推出了名为“B 平台力压 A 平台五元”的优惠券，其实 A 平台也有类似额度的优惠，两家平台所提供的菜品和价格也都一样，并不存在所谓“力压”的优惠。最终法院判处对 B 平台罚款 5 万元，并要求其向 A 平台赔礼道歉。

然而，B 平台再次推出了“每单比 A 家优惠”的刺激市场的虚假广告，好像已经完全不记得上一次的法院判决。也许这种不顾一切的竞争行为就是为了引发社会关注，但它会扰乱整个外卖市场的秩序，再次损害了其他平台商家的合法权利，更是对法律尊严和底线的践踏。

再来看看另一个电商企业的案例。A 企业起诉 B 企业擅用其代言人的肖像，混淆了认知。该代言人经纪公司也发表声明称：为开展“双十一”促销进行的宣传推广，B 企业在未经合法授权的情况下擅自使用了含有该代言人肖像的宣传图片，并同时在网络媒介上进行大肆传播。A 企业也发布声明，谴责 B 企业的侵权行为扰乱了市场的正常秩序，混淆了消费者的视听，这些行为给代言人本人及 A 企业都带来了负面影响及损失。据了解，这并不是因为 B 企业不清楚该代言人与 A 企业之间已签有协议，应该说是有意的侵权行为。

（资料来源：笔者根据多方资料整理而成）

案例启示：

从上述案例可以看出，在日趋激烈的市场竞争中，如果缺失商业伦理的道德引导、约束及“润滑”作用，单靠法律的管治，市场上仍然极易发生恶性竞争，一旦发生了恶性竞争势必会消耗大量的社会资源，破坏原本和谐的各方关系，搅乱正常的市场经营活动，进而对企业产生较大的负面的影响。

第五节　市场竞争阶段中的商业伦理

亚当·斯密的经济理论认为人类的自由权是天赋的，人类的自私自利是上帝的天意，自由市场的合理性就在于它尊重买卖双方的选择自由，并会以公正的方式来分配资源和商品，从而最大化社会组织的经济效用。市场制度的伦理道德基础主要注重其自由竞争的本质，因为市场的公平是通过充分的自由竞争来维系的。那么，一个自由竞争的市场的自主发展是否会带来持续的公平，这将是市场排斥其他外来干预的法理依据。令人遗憾的是，资本主义经济几百年的发展史并不支持这种期望。

回顾市场经济的发展历程，竞争的形式和程度在市场发展的不同时期是不一样的，它存在着三种市场竞争程度的经济模式，即完全竞争、完全垄断和寡头垄断。下面让我们来看看在现实的各种经济模式中，商业伦理是怎样的表现形式及处于何种地位。

一、完全竞争市场

完全竞争市场是买主和卖主都无法影响商品交换价格的市场，它含有如表 3-1 所示的七个本质。

表 3-1 自由市场的本质特征

序号	本质特征
1	市场存在着无数的买主和卖主，没有人能拥有完全的市场份额
2	所有的买方和卖方都可以自由地进入或退出市场
3	每个买方和卖方都完全了解其他买方和卖方的行为，包括价格和数量及所有买卖商品的质量水平
4	在市场上销售的商品都完全相同，没有人会关心具体在谁那里买卖
5	生产和使用商品的成本及收益完全由买卖商品的人自行承担，并非由外部机构承担
6	所有买方和卖方都追求效益最大化，每个人都谋求尽量少的付出和更多的获得
7	市场没有受到外部机构的干预，如政府出面监管市场中商品的价格、数量及质量

完全竞争市场成立还需具有市场推行强制性的私有财产制等几个基本条件，如图 3-2 所示。

市场推行强制性的私有财产制，从而确保买卖双方均具有交换物的完全所有权

社会及法律支持基本的契约制度，确保买卖双方签订的交换契约具有实效

经济社会的生产制度和生产能力，足以提供能够用来交换所有权的产品和服务

图 3-2 完全竞争市场的基本条件

商业伦理在完全竞争市场中是通过所谓“资本主义正义”来体现的。具体来讲，在完全竞争的市场中，它可以实现三个主要的道德价值，如图 3-3 所示。

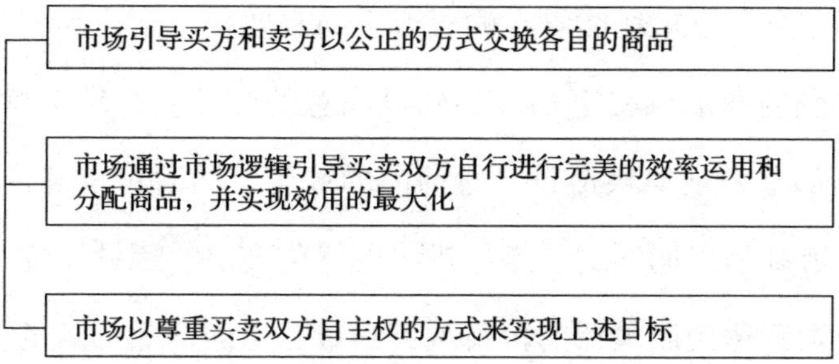

图 3-3　商业伦理实现的道德价值

从理论上讲，完全竞争市场的“正义”主要体现在买卖双方均是自主、自愿地进行交易，而且随着市场的运行，价格也会趋于平衡。如果卖方将价格定得太高，超出了买方的接受范围，那买卖就不会达成；反之，如果买方把价格压得过低，让卖方无利可图，买卖也无法达成。这样一来，市场的价格就会逐步趋于平衡。另外，关于经济模式的效用问题，完全竞争市场制度可以通过以下四个方面实现。

第一，完全竞争市场激励企业将资源投入到消费者需求高的行业，并同时从消费者需求低的行业撤出。各种资源也会被吸引到高消费需求而形成的短缺领域里，商品也会竞相进入价格高于平均水平的市场，而会逃离商品价格低于平均水平的市场。完全竞争市场能够自行根据消费者的需求有效地分配资源，消费者是自由市场的“统治者”。

第二，完全竞争市场鼓励企业最小化其生产商品所消耗的资源，会自行使用现有效率最高的方式来组织生产，从而将成本进行较大程度的降低以促成边际利润最大化，客观上达到了鼓励企业在生产中节约社会资源的目的，所以说完全竞争市场能鼓励有效使用资源。此外，为了防止其他企业夺走顾客，随着竞争的继续，企业都会无奈地把利润降到维持企业生存的最低水平。

第三，完全竞争市场能够在购买者之间有效地分配商品，使所有购买者在可以接受的商品价格下都能买到最满意的商品。在完全竞争市场中，每位购买者都会客观地权衡自己对商品的欲望，然后将所需的商品买下，所有的购买者都是以同样的价格买进了同样的商品。因此，完全竞争市场能够确保消费者达到以最低的价格购买到最合适的商品的目的，从而完成商品的有效分配。

第四，完全竞争市场建立起了“资本主义正义”，因为买卖双方都有选择的自由，也可以按自己的意愿自由地进出市场。西方古典经济学的理论逻辑，就是建立在这一理想模式上的。

然而，世事难料，资本主义经济发展的现实却出乎西方古典经济学家的期待，因为它将市场经济带到了垄断及寡头的经济模式之中。

二、垄断竞争市场

在市场经济的自由竞争过程中，弱肉强食是竞争中难以避免的结果。随着竞争的不断深化，在经历多次的兼并及倒闭潮之后，市场就会出现由个别垄断者垄断某一产品或某一行业的可能。当市场进入垄断阶段后，原先由自由竞争市场所形成的规则就会发生变化。

专栏 3-4

微软的技术垄断

随着市场竞争的发展，垄断的出现有一定内在规律，形成垄断的原因也有多方面的因素。具体在新兴行业里，尤其是在新兴科技行业中，因技术产生的垄断是较为常见的，如微软公司的视窗技术。目前这一技术对计算机操作系统市场的垄断地位就很难撼动。

自微软公司推出视窗技术以来，人们通过视窗方式来操作计算机已成了一种习惯，围绕该操作系统开发的技术也从属于这一技术，这一切都在固化着微软公司在这个领域的垄断地位。据统计，近十年来微软视窗操作系统的市场占有份额一直在90%以上，这看起来似乎并没有达到100%的垄断，但已经完全可以主导和控制住这个市场，任何后来者要想挑战它的地位就必须要跨越以下几道门槛：一是投资规模及风险，现在要想投资开发出如微软视窗技术的新技术，至少要投入100亿美元，而且还要面临投资失败的风险，如此巨大的投资风险决不是随便一个挑战者能面对的；二是由于微软该产品已经形成了数量巨大的市场，规模优势给它带来了无可比拟的成本优势，这也是后来者所不具备的；三是在市场中微软已经拥有了庞大的客户群体，并产生了品牌忠诚度，这也是挑战者要面对的现实；四是多年来已有众多的技术开发企业对微软所形成的市场产生了依赖，在微软视窗主导的市场里，各种海量的市场需求也是极具吸引力的，围绕视窗操作技术而开发的各种应用技术自然是层出不穷的，这也使任何挑战者所要面对的并不仅是微软这一个对手，而是更多的利益相关者；五是微软公司会对任何挑战者进行打压，这更是可以预见的结果。

所以垄断一经形成，在垄断者不犯重大错误的情况下，仅凭市场自身是很难消除垄断的。

（资料来源：笔者根据多方资料整理而成）

案例启示：

垄断企业和垄断市场似乎是自由经济竞争的必然产物。垄断企业一旦形成，其对市场就具有了支配地位，垄断者更不可能自行放弃垄断地位。从上述案例可以看出，如无外力的介入，靠市场自身是很难摆脱垄断的，这也许是市场经济的宿命。

垄断市场与完全竞争市场是有较大区别的，完全竞争市场有七个标志特征，而垄断市场至少缺少了以下两个条件。

第一，垄断市场中只有一位占支配地位的销售者，它拥有充足的市场份额，市场不再像完全竞争市场那样存在着无数的销售者。从严格意义上说，一家公司必须拥有 100% 的市场份额才应该被称为垄断。但实际上，市场份额少于 100% 的公司也可以被认为是垄断，这是因为垄断的实际意义在于对市场拥有绝对的支配权。垄断市场可以包括已产生拥有唯一市场支配权企业的市场，如拥有 90% 市场份额的企业和其他数十家各自市场份额不到 1% 的公司。决定一家公司是否拥有垄断权力的关键特征，就是该公司能否控制住一种产品，进而决定谁才能获得这种产品，并可以为这种产品制定价格，以获取较高的垄断利润。

专栏 3-5

制药公司的利润

美国的制药公司对于自己开发出来的任何新药都拥有专利，这让它们能够对这些药物垄断达 20 年。拥有高额的垄断利润（远远高于其他行业平均利润水平的利润）是制药行业的特征，这并不令人感到惊讶。

20世纪70—80年代，《财富》500强中列出的制药公司的平均利润率是500强中其他行业平均值的两倍。到20世纪90年代，制药公司的平均利润率已是其他行业的4倍。21世纪的前10年，制药公司的平均利润率也约为其他所有行业的3倍。当今，它们的利润率依然高于《财富》500强中的任何其他行业。制药公司的解释是，它们需要这些利润来收回开发新药时投入的研究成本。但是，制药公司只是把其收入的14%投入到研究中，而17%是当做股息支付给股东，31%投入到广告和管理中。通过对制药公司成本的研究发现，处方药的利润是其成本的50倍、300倍甚至达到500倍，如销售价为188美元的100片某药物，其成本只有14美分。

（资料来源：曼纽尔·贝拉斯克斯的《商业伦理概念与案例》）

案例启示：

从本案例可以看出，美国制药行业中的企业通过药品的专利权，拥有了该领域绝对的垄断地位，并且获得了丰厚的垄断利润。可见一旦能够占领市场的垄断地位，垄断企业一定会利用这一地位来赚取高额的利润，寄希望于他们对病人产生怜悯而自行放弃厚利是非常不现实的。

第二，垄断市场是指其他公司无法自由进入或很难进入的一类市场。其他公司被一些“进入障碍”阻拦在市场之外。例如，不允许其他公司生产的专利产品，这是受到专利权或版权法的限制的，或者是新销售者在进入该行业时很难承受得起白手起家的高成本。此外，垄断公司也可能自己设置进入障碍，阻止其他公司进入市场。比如，一家公司可能威胁要对任何尝试进入它所垄断行业的公司施加大量的经济制裁，它先让自己的产品充斥市场，再将价格下降到市场不再有利润空间，或者是这家公司可能会为自己树立一个会恶意报复进入者的形象。

三、寡头竞争市场

经济发展到今天，现实中的垄断只出现在一些较少的行业里，大多数主要的行业市场并不是由一家公司主导的，而通常是由几家甚至更多的公司主导。它们处于拥有无数销售者的完全竞争市场和只有一位销售者的垄断市场之间，这种混合性的市场称为不完全竞争市场，其中最主要的特征是尚未达到垄断的寡头竞争市场。同样，与垄断竞争市场不同，在寡头竞争市场中既含有垄断因素也具有竞争因素。寡头竞争市场在和完全竞争市场对比中也包含有以下几个特点。

一是寡头竞争市场只有少数重要的销售者而非许多的销售者。大部分的市场都是由较少的一些大型企业共享，它们可以联合起来对价格施加影响。控制寡头竞争市场的企业可能有两家或是几十家，所以这类市场会具有一定的竞争性。

二是其他销售者不易跻身市场。这一点与垄断竞争市场比较相似，进入市场的障碍既可能是行业过高的启动成本，也可能是所有购买者与相关方已和寡头企业连接在一起，并形成了长期的合约关系，还可能是寡头企业品牌广告创造出了长期的品牌忠诚。

由少数几家大型企业支配的寡头竞争市场也同样被认为是高度集中的

市场，这种市场的例子也是较常见的。虽然寡头企业可以由很多种方式形成，但形成寡头竞争市场最普遍的原因是横向并购。横向并购指的是之前在同一市场中竞争的几家公司的联合。如果竞争行业中有足够多的公司进行兼并、合并，那么这个行业就有可能成为由个别大型公司控制的寡头竞争市场。

寡头竞争市场是如何影响消费者的呢？在高度集中的寡头竞争市场中企业并不会很多，这就使得它们易于形成一个整体，通过公开联合或者是暗示的方式相互之间形成一种价格联盟，或者一起相应地限制产品产量。这就导致了变相的垄断竞争市场，进而形成寡头竞争市场与垄断竞争市场相似的商品的高价格和低供给水平。这就可能导致不公正的价格，并降低社会效益，也不再尊重基本的经济自由。这些都是寡头竞争市场在商业伦理方面的问题。

专栏 3-6

寡头垄断的美国的航空业

经历了几十年的市场竞争，美国航空业目前就属于寡头垄断的市场阶段。自从 20 世纪 70—80 年代美国解除了对航空业的管制以来，各航空公司之间展开了激烈的竞争。至 2015 年，经过不断的倒闭、兼并，该行业逐步整合成为只有六家航空公司的市场，原来市场竞争的激烈程度开始缓解，市场进入了寡头垄断阶段。在此阶段虽说仍存在市场竞争，但寡头们也对市场进行了分割，使得在具体的航线、时段上的航班有了一定的垄断性，从而使航空公司可以适当地提价，并对旅客的各类需求开始收费，航空票价也逐步上涨，2015 年美国国内平均票价比六年前高出了 90 美元左右。

（资料来源：曼纽尔·贝拉斯克斯的《商业伦理概念与案例》）

案例启示：

从本案例可以看出，当今，寡头竞争市场是相对于垄断竞争市场更为常见的市场模式。它与垄断竞争市场具有一定的相似性，不同的是各寡头企业在联手垄断市场的同时，它们之间还存在着相互的竞争关系。所以，当某一行业进入品牌竞争后，也就是寡头经济模式的开始。

由此可见，寡头竞争市场中商业伦理的作用同样会受到限制，对垄断及寡头企业而言产品价格及供给是可以进行单方调整的。在这类市场里，消费者的地位是弱势的，市场的公平性和效率也被弱化了，仅凭市场的自我运营，就容易产生生产力退化的可能。

此外，在某些行业里，垄断的现象也十分明显，除了具有垄断经营带来的问题外，也许还有行业经济属性的问题。例如，在当今世界经济中，金融垄断的现象尤其突出，单一货币的垄断地位更是蕴含着严重的伦理问题。

章末案例

美元的市场表现

2020 年新冠肺炎疫情突袭而至，全球的关注点立刻集中到了抗击疫情上，世界经济也受到了严重影响。就在这时，美联储却开启了印钞操作，其印钞规模远超2008年金融危机时期。在同年的3月初，启动印钞前美联储资产负债表规模是4.29万亿美元，然而在此后不到3个月的时间里，这一数字就飙升到了7万亿美元之上。这意味着什么？面对美联储在如此短的时间内超发了如此多的美元，许多国家都开始坐不住了。

这明显是美联储发起的新一轮的“剪羊毛”。对美联储这种损人利己的做法，不少国家都记忆犹新，而且是无奈的痛苦记忆。

美元的一举一动都牵动着全球经济的神经，事实上它反映出了金融垄断中占据垄断地位的美元对其他经济体的影响力。美国还可以通过这一垄断优势来实现政治、军事、外交、科技、文化教育领域的世界优势地位。经济是政治的基础，经济实力也是其他领域的基础力量。另外，美国的政治、军事、外交等领域的许多活动，也是为了确保美元的优势地位。

面对美国的行为，非美元贸易已成为一些国家的选择，俄罗斯、伊朗、印度、土耳其等国已尝试签订用非美元来结算石油的协议，从而改变了在国际贸易中单一依赖美元的局面。根据美方公布的数据，自美联储在2020年3月开始印钞后，两个月内，其他国家总共抛售了4000多亿美元的美国国债。

（资料来源：笔者根据多方资料整理而成）

案例启示：

从上述案例可以看出，美国可以仅通过印发钞票就“收割”其他经济体的“劳动果实”，也能将自身的经济问题转嫁到全球，并以此来影响其他国家。这都是因为美元具有的优势地位。

本章小结

从本章分析可以看出，商业伦理对商业活动的影响来自以下三个层面。

首先，是人这个层面。商业活动是人的商业行为，商业伦理将“商业人”和“道德人”结合起来，使商人群体具有了基本的道德底线和行为准则。

其次，是从事商业活动的实体——企业——这个层面。企业的组成和经营管理活动均依赖于商业伦理，商业伦理是企业最佳的战略选择和核心竞争力。

最后，是从事商业活动的场所——市场——这个层面。商业伦理是维系市场竞争秩序的“定海神针”，没有道德底线的市场是灾难性的。同时，商业伦理也在更大领域的商业竞争中起着举足轻重的作用。一旦商业伦理出现缺位，一切商业竞争就很难保持在良性的范围内。

此外，市场竞争也同样会影响商业伦理的发挥和作用。在市场竞争的不同阶段，由于市场的竞争方发生了变化，使得商业伦理所面临的问题也随之改变。在垄断竞争市场中，由于垄断方对市场的绝对控制，就使得消费者成了市场的从属方，垄断者可以利用垄断地位来获取高额的垄断利润。这些都是对“资本主义正义”的挑战，这是一个消费者权益被隐性侵占的市场。同时，丰厚的垄断利润会使垄断企业对提高企业效率、降低经营成本的动力不足，这也降低了社会经济效率，给社会带来负面的影响。

04

第四章

商业伦理的应用表现

企业的领导者不能和员工的思维错位。要让那些为公司做出贡献的员工有安全感，让他们有发展的平台，有施展才华的舞台。我们不能按照自己的关系、个人的印象好坏来决定是否给他们机会，机会应该对所有人敞开。

珠海格力电器股份有限公司董事长　董明珠

本章综述

企业从成立之日起，伦理问题就如影随形。无论是企业治理还是企业的经营理念，道德基因的质量决定着企业未来是健康成长抑或内斗不断，甚至游走于法律的底线。说到底企业是由人构成的，人的管理始终是企业的第一管理要素，它绝不是通过考勤加绩效就能解决的，因为人是有情感需要的，精神上的凝聚力——“人心”——才是至关重要的。这种凝聚力要通过企业文化的温度来建立，而企业文化的温度源就来自道德的灵魂。许多企业的问题都来源于管理的任性和失德，决策的任性是极具破坏性的。

追求利润是企业的本能，在激烈的市场竞争中，面对各种利益的诱惑，利益至上的直接选择是一种自然的反映。然而“君子爱财取之有道”，在进入成熟规范的市场阶段后，如何取舍则是任何企业都不能漠视的问题。“假账”就是很有代表性的问题，所谓“能力不行胆量补，经营不行账来补”的现象，就是伦理地位弱化，职业道德被巨大的利益漠视和遗弃的表现，这就使商业伦理问题更加突出。

在经济全球化大潮的背景中，跨国经营的伦理问题也在加剧，区域文化背景的差异也将产生新的伦理问题。

第一节　企业治理中的商业伦理

成立一家公司，最早要面对的问题就是安排好股东之间的关系。对企业来讲，这应该是最基础也是最前端的一种企业内部关系，这种关系就是明确企业所有权、控制权和收益权的分配问题，也就是企业治理问题。

专栏 4-1

小米的合伙人制度

电影《中国合伙人》反映了旧的合伙人制。在这种制度里，开始时几个合伙人都是因友情而聚，当企业经营起来之后，多数最终会散伙。这是它的随意性带来的后果，说明了企业治理问题绝对是需要科学管理的。存在于管理逻辑深处的是“人心”的认可，左右“人心”走向的关键，还是因为伦理道德的判断，这就涉及商业伦理的问题。

小米公司的合伙制创新被誉为是新的中国式合伙制，它的创新之处就是使企业的股东们成为真正的事业合伙人，进而通过这一制度把公司的事业转化成全体员工的事业。具体来看，小米设定的合伙人制度，是先将合伙人股东分为创业合伙人、事业合伙人、资本合伙人与生态合伙人，形成了企业合伙人股东多元化的机制。这种制度是把企业在不同发展阶段时核心团队的需求和特征与企业的治理需求结合起来，同时又使员工有一定的选择权，所以这种方式得到了员工的认可。小米公司的创始人雷军就亲身经历过企业内部的多种身份，所以在确定小米合伙人制度时，他能够从各个方面来思考，并进行有针对性的制度安排，到最后形成一整套小米公司特有的“股权产品”，所有的股东就是购买这种“产品”的“消费者”。从中我们能感觉到，合伙人制度的成功与否，就在于它能否有效地把企业的核心竞争力——“人心”——凝聚起来。选择开放企业股权，这需要创始人的胸怀，然而只有开放的心态才能将真正优秀的人才留在企业里，使核心人才成为企业的股东，企业就能成为共同的事业。让人才与企业建立长期的利益共享、利益共存关系，才是企业一路发展下去的关键。

小米公司的股权架构属于离岸的VIE架构，在早期设计的时候，雷军并没有拿绝对大的股权，他只拥有39.6%的股份，从这就可以看出，一开始他就给未来企业不断吸纳优秀人才留下了股权空间。他希望这个企业并不是某个人的企业，不是某个人谋利的平台和工具，他要通过一种共享的制度来吸引优秀人才，那么这个平台就必须是大家的事业平台。一家企业只有拥有了优秀的人才，才能在激烈的竞争中脱颖而出。在小米公司成立的早期，除雷军之外，其他创始合伙人就占有了45.4%的股权，其中个人股权占比最低的也达到了6%，这就使得不管股权的多寡，所有的创始合伙人都对企业有着很强的拥有感和参与感，所以这就是真正意义上的合伙人体制。

小米公司早期还向企业的员工开放了股权。这时期持有公司股权的员工多达75名，这也使小米公司的股权架构里，既含有创始人及创始人团队，又含有投资人和企业的普通员工。这就是一个共享的股权架构。在此基础上，小米公司也对企业内部的新股东加入及旧股东的退出做出了相应的制度安排。

回顾该公司过往的发展历程，由于在企业早期成立的时候，就对企业的治理结构和治理制度做了细致的制度设计，并通过制度的吸引力建立起了企业的核心竞争力。实践证明，企业最终取得了较好的发展成果。由此可见，好的制度是非常重要的竞争优势，因为它符合人们的情理逻辑和利益逻辑，这就是商业伦理的管理理念。好的企业治理机构和制度会使企业的发展得到一种制度的保障和促进，反之会产生相当大的掣肘和负面影响。

（资料来源：笔者根据多方资料整理而成）

案例启示：

从本案例可以看出，在竞争激烈的市场经济里，除了拥有技术、营销、资金和资源优势外，制度优势也是不容忽视的，尤其是对那些不具有其他优势的企业而言，制度优势可以使决策者认真思考并选择合理的经营道路。它是管理理念竞争力的具体体现，它来源于创始人的世界观及价值观。懂得共享的力量既是商业智慧的反映，也是企业领导者人格心胸开放度的体现。小米公司的合伙人制度就是共享、共生的伦理观，它揭示着“舍”与“得”的因果关系，是具有代表性的现代经营理念，是值得所有创业者思考的商业理念。

从小米公司的案例可以看出，企业治理结构及制度的合理性是企业生存发展的基础，这种合理性也体现在当人们从伦理道德角度来审视时，它依然是合情合理的。然而，这也有赖于大家价值观的一致性，否则就会引起纠纷，最终产生企业的控制权究竟归谁的问题。控制权是企业治理中的核心问题，它不仅是法律问题，也是涉及道德的问题。下面我们以因价值观的不同导致企业控制权产生争议的案例，来分析其中道德的影响。

某大型家电专卖公司（以下简称A公司），由于企业大股东与董事会及管理层的经营理念相左而出现了对企业控制权的争夺。当年在A公司大股东涉案后，该公司管理层开始接管了公司。此后，随着战略伙伴的引入及管理层股票期权等事件的发生，双方的矛盾开始出现并逐步升级，直至形成对立。期间，大股东几次要求更改有关的人事安排，并要求合理处理上述股票期权之事，但董事会及管理层坚持有关决定不做出调整，致使大股东提议召开股东大会罢免现任董事长，但最终该提案也未能在股东大会上通过。在这场风波中，双方争夺的焦点就是企业控制权的归属问题，这也是企业治理的核心问题。

在现代企业中，所有权与经营权是分离的，因此现代企业对经营管理能力的要求会更高。这一方面是因为企业经营规模远大于过去，另一方面是因为企业所从事行业的复杂性、专业性也更高，要求企业的经营管理走上专业化的道路。

企业的经营管理权是由股东大会交由董事会来实施的，并设置了监事会对其进行监督、提醒。企业日常的经营管理工作则是由董事会聘请合适的经理层来组织开展的。所以，董事会和管理层也是依照股东大会及公司章程赋予的权力来履行职责的。也就是说，企业的实际控制权在董事会。

据此，A公司的大股东要想夺回控制权就要通过股东大会来实现，而不能私下以大股东的身份来干预企业的经营和管理。

以上是从企业规则角度来对问题进行分析和说明，然而一切都真的如此清晰简单吗？在社会上，尤其是在商业圈子里为什么还会有许多不同的声音，为什么从传统的道德观念来看，似乎还是有些不妥之处？

回到问题的开端，当初管理层都是大股东聘用来的职业经理人，公司也是大股东一手创办的，大股东的支持者就认为管理层拒绝大股东的要求是属于忘恩的不道德行为。而管理层的支持者却认为正是由于管理层后来采取的一系列措施才使A公司摆脱了经营上的困局，并生存发展起来了。企业管理层依照制度规则获得企业股权及掌握经营管理权完全是正当合法的，进而有人质疑所谓股东利益最大化的逻辑是否真正符合社会的伦理道德。

这些涉及伦理道德的说法，可能才是问题的核心。现代企业制度与所有人类制度一样都是在人们对相关问题的情理思考和分析后建立的，都要求建立出来的制度要有符合社会良知及企业各方的利益诉求。有制度当然要按制度办，然而任何制度都要经过实践的检验并不断地得到完善。

此外，任何制度都是建立在相应的社会实践基础之上的，笔者认为，在商业活动中，市场经济规律这只“看不见的手”与商业伦理这股“看不见的力量”都将发挥其应有的作用，管理的最佳效果即“合适就是最好的”，自然法则和自然规律会对不合理之处进行“雕塑”。

通过上述分析我们可以看出，企业治理事关企业经营管理权的分配及管理，它的合理与否事关企业的存亡。治理的问题不单会面对控制权之争，其背后更多的是关于对权力的安排和权力的使用的道德问题，是关于企业控制权分配和变更的伦理逻辑是什么及企业治理该如何遵循商业伦理等问题。同时，我们也可以感受到企业治理是事关企业控制权的十分重要的制度问题。那么，究竟什么是企业治理，其中又有什么伦理问题呢？

一、什么是企业治理

政治经济学告诉我们，在人类的经营活动中，生产资料所有权决定了企业的归属及控制权问题，企业的所有权归属于出资人，也就是我们说的股东。随着企业经营规模的扩大，必然会出现企业的所有权归股东拥有和经营管理权由管理者管控的现象。目前，有一定规模的企业，会有由股东组成的股东会、由董事组成的董事会，以及由监事组成的监事会，此外，还有企业的经营管理团队。公司治理问题就是因为所有权和控制权分开后，由此带来的控制权托管问题。实现企业治理是一种制度安排。经济学家对公司治理的定义有着不同的表述，笔者认为，企业治理指的是企业通过对股东会、董事会、监事会及管理层之间关系的制度安排，从而实现管控企业经营管理活动的目的。企业治理既有利于企业经营目标的实现，又能在各方之间形成有效的制衡关系。

在早期，公司治理问题都是由相关方通过约定的方式来处理的，它属于一种契约安排，具有一定的随意性、个别性。但是，在实际运行中往往会出现一些超出原先约定的问题，这就极易产生争议，到那时再进行各方协商的话，难度就会较大，解决问题的成本也较高。这就产生了将公司治理作为企业经营管理中的一种公共制度的需求。各方的利益诉求，要与社会公认的“游戏规则”或“公理”相一致，还要明确一旦发生意外情况时，由谁来做决策。

从所有权的角度来看，一般是资产权的归属决定着控制权的归属。公司治理首先要解决的是权力的分配问题，这就要依照现代企业管理制度进行权力制度的设计。当然，公司的治理方式会受到所有权形式的影响，它也是控制权的现实安排及各方力量的反映。

二、企业治理中的伦理问题

从 A 公司的纠纷里可以看出，争议双方有各自的说法和依据，除法律已界定的以外，到底谁的理由和做法更加符合社会伦理才是社会关注的焦点。最终双方的争议点也回到了道德伦理层面。

所谓忘恩的说法依据，就是因为这不符合社会伦理的认知。而支持管理层的依据，是认为资本方的一股独大是对劳动方价值的漠视和贬低。此外，在后面章节列举的“达尔曼事件”中，也会看到企业治理中的伦理问题，因为许多争议都是大股东肆意践踏小股东的利益，同时让众多相关方的利益受到损失而引发的。

在企业治理中还存在着各种的伦理困境，如由“股东至上”观念产生的对其他利益相关方利益的侵蚀、刻意规避债务责任、董事会违规暗箱操作、独立董事不作为、监事会形同虚设、企业高管薪酬、信息披露、内幕交易等，这些都反映出企业治理中的伦理监督是何等的不易。

三、企业治理的伦理思考

在企业里，企业治理事关企业的最高权力层，这也包括最高的监督层。由于他们处于最高层，所以对这一层次的制约和管控更多的是依赖于外部的力量和他们的自律程度。企业的商业活动建立在企业自主经营、自负盈亏的前提下，外部的作用只能体现在事前环境条件的引导及事后的法律惩处上。由于“制度是死的，而人是活的”，最重要的约束因素还是在于人的内在因素，在于企业高层的自律程度。

所以，相关人士提出了对“伦理型领导”的呼唤。这种期盼让人感到是如此的无奈，又是如此的现实，也让人感到似乎如此的熟悉。历史总是在重复地上演着相同的“剧目”，虽说人物、场景、领域、事件有所不同，但背后的逻辑即自然规律从来就没有更改过。感到无奈是因为还未看清规律的永恒性，或许还因为企业治理领域的伦理问题是一个有待时间来消化的试题。

再来看看华尔街的金融家及美国的利己行为。2008 年金融危机爆发后，美国通过加印美元等方式再次将自身的损失转嫁到其他国家去了。

导致这场金融危机的起因，就是来自资本主义经济的“华尔街金融圈”，其深度的内因就是资本的“贪婪”。看来人类的“贪念”并不因富裕而受到丝毫的“减损”，反而会因为资本力量的扩大而显现出更为肆无忌惮的张狂。对企业而言，解决企业治理的伦理问题，首先要呼唤的是产生及维护“伦理型领导”的社会环境及制度建设。这就有赖于伦理社会的土壤，只有在社会上形成道德经商光荣的舆论氛围之后，才有产生一批伦理型领导的可能。此外，还要建立对企业家及经营者的经营道德进行公开考评的舆论制度。只有做好企业高层的伦理建设，商业伦理的底线才不会被轻易击穿。

专栏 4-2

海尔的产品质量观

当年，海尔公司前身青岛日用电器厂厂长张瑞敏在听闻有顾客反映工厂生产的冰箱存在质量问题后，他马上亲自突击检查了仓库，结果发现居然还有 76 台质量有问题的冰箱。

随后，张瑞敏召开会议研究如何处理这批存在质量问题的冰箱。当年正处在物质短缺的年代，冰箱绝对是市场上非常紧俏的产品，为此，会上大多数人都提出是否以福利的方式处理给员工。然而张瑞敏的决定让所有在场的人都大吃一惊，他提出将这些冰箱全部砸掉，而且还要让生产这些冰箱的人自己来砸。

听到这个决定，许多老工人当场就哭了，虽说这些冰箱存在质量问题，但在大家看来还是可以用的，砸掉太可惜了。而且，那时在其他地方即使是次品也要凭票才能买到。

但张瑞敏很清楚，如果放行这些冰箱，那企业生产的质量意识将无从建起，一旦产生有质量瑕疵的产品也有人买、也能照常使用的想法，就不会有人认真对待质量问题，质量管理就会成为一句空话，企业产品就不会有真正的竞争力，企业也无法走上可持续发展之路。不管当时大家是否能明白这些，张瑞敏还是坚持了自己的决定。

当厂区内响起了巨大的砸冰箱的声音，看着眼前一堆被砸毁的冰箱时，海尔的员工被彻底震撼了。这一惊世骇俗的举动让海尔人明白了什么是质量，这是一场让海尔人刻骨铭心的事件，也是一次生动的企业质量管理课，更是享誉世界的“中国制造”早期里程碑式的事件。

与固有的观念做斗争，并坚持质量至上，这在当年是很不容易的。从表面上看这只是一个质量问题，但它更多的是反映出了生产者的良知，背后就是对商业伦理的认知。商业伦理并不是要阻碍企业营利，它在告诫人们最终道德的行为会让人获得更多的利，这些就是阳光利润。就张瑞敏砸冰箱这件事来说，这一举动一方面唤醒了企业的质量意识，使企业生产出来的产品具有了竞争力，另一方面也是最好的企业品牌宣传，它让之后的海尔一下子脱颖而出，让社会记住了海尔、认可了海尔，它给企业带来的效益又岂是区区几十台冰箱可以比拟的。

（资料来源：笔者根据多方资料整理而成）

案例启示：

这个案例反映出在企业管理中，不能空谈伦理道德的概念，要能将其运用。通过砸冰箱就是让大家记住决不能生产出有瑕疵的产品，让员工认识到产品是靠质量来“安身立命”的，认识到产品是反映生产者人品的逻辑关系。人品是伦理道德的载体，这就将商业伦理物化为员工可以感受到的真实存在。拥有道德观的生产，才是商品品牌的根本保障。

此外，本案例也说明道德的观念和道德的力量只有从企业的高层、最核心处产生，再从最核心处向外辐射、延展其影响力，才能够真正地改变一个企业，使企业成为具有道德的经营体。

另外，当初张瑞敏的处理意见并未得到上级主管部门的认可，但张瑞敏依然能按照自己的决定执行，就说明当时的企业治理规则保障了这一行为的实施，企业的经营层是具有真实的自主经营权的。

第二节　企业经营理念中的伦理内涵

我们在日常生活中常常会看到或听到各种广告宣传，其中有些是企业在宣传各自的经营理念，这些经营理念已成为各个企业面向公众社会的一张形象名片。在这些理念中，人们能感受到该企业对自身的经营良知或公益责任心的宣传，这些都属于道德伦理范畴，同时也是企业商业伦理观的具体表现。一个企业能否被社会接受和认可，一方面是靠社会大众对其提供的产品及服务的认可，另一方面也需要社会对企业在道德方面的表现给予认同。当然，一个企业的价值观也不单单可以用于对外宣传，更为重要的是它还能将企业内部员工团结起来，形成团队的凝聚力。所谓好的企业一定会有好的企业文化，好的企业文化一定有好的企业团队，好的企业团队一定会有好的价值观，好的价值观一定是符合社会道德伦理的。所以，一家企业的团队伦理观正确与否，决定着该公司能否获得持续的生存与发展。企业价值观的好坏不是包装、宣传出来的，凡是包装出来的“善”，最终都不会有好的结果。因为伪善的反作用往往大于真恶，现实生活中这类的例子是非常多的。从企业内部来看，企业文化的道德与否并不是一种虚的宣传说词，而是员工可以真实感受到的观念和行为。无论企业多么强调进取精神，也无论这些进取精神看上去是如何的“凶狠”，建立“善”的内核是任何人类组织赖以服众及立足社会的最佳选择。所以，虽说是处在利益博弈的商场，优秀的企业家也必然会极力建设企业的道德文化。商业伦理的力量是绝对不容小觑的，如表 4-1 所示。

表 4-1　企业被社会接受认可的表现

企业被社会接受认可	社会大众对其提供的产品及服务的认可
	社会对企业在道德方面的表现给予认同

强调商业伦理并不是让企业减少或放弃对利润的追求，而是鼓励企业通过自身的创新、控制成本、精准服务等途径来创造利润。

专栏 4-3

钱大妈的经营理念

市场竞争激烈的现实迫使每家企业都在寻找各自的竞争优势和成功途经，所谓经营的实质就是要求经营者找到实现经营目标的想法和逻辑，它和具体的经营模式紧密相关。一家公司凭什么赚到钱，别人为什么愿意把钱给你，这里面的逻辑就是因为你的经营模式符合市场的需求，顾客在这里能够找到他需要的产品或服务，同时价格也是顾客可以接受的。区别在于谁的经营理念更有效，更符合市场真实的需求，更能打动客户。钱大妈就是一家以不卖隔夜肉出名的生鲜企业，它的创始人是一位普通的生肉销售者。这是一个充分竞争的传统市场，在如此众多的同类竞争者中闯出一条新路确实不易，如果没有能真正打动市场的经营理念，一个普通的经营者是很难脱颖而出的。广东人向来以追求食物的新鲜程度而著称，“不卖隔夜肉，只卖当日新鲜肉”的说法自然是能够吸引顾客的，问题在于隔夜肉将如何处理，采用这种经营方法后企业还能赚钱吗？从实际操作来看，钱大妈对此是进行过细致的思考的。

首先，要想迅速占领市场并取得优势就必须有过人的营销特点，要对市场具有足够的号召力，承诺不卖隔夜肉就是冲着市场的痛点去的。钱大妈还认识到仅有一个有吸引力的口号还不够，因为这只是卖家对商品品质的一种宣誓，买家并没有得到真切的实惠。要想打开市场还必须有广告宣传方面的投入，不如将隔夜肉作为宣传的投入，这种投入又能使顾客得到实实在在的实惠，其吸引力必定是极大的。同时这种不同于一般商家常理的做法也是极具市场竞争力的，而普通商家还会有存贮隔夜肉的成本。所以，从大的经营模式设计上分析，这种做法在商业逻辑上是成立的。

其次，在对隔夜肉处理上，钱大妈采取了分时段逐步降价的方式，这种做法一方面非常符合钱大妈的肉为什么会是当天的逻辑推理，因为大众要知道那些隔夜肉的去向，否则按照一般的逻辑，隔夜肉大概率会改头换面后又重新回到市场，这是钱大妈只卖当天肉的最大逻辑证明。另一方面分段降价的方式，既能最大限度地保证商家的利益，又向消费者暗示了肉还是值钱的，商家是在无奈地割肉降价，从消费心理学上看，就会形成潜在的促销作用。更重要的是，这种与众不同的做法会将钱大妈的品牌迅速树立起来，它会带来远超普通商家的客流，只要抓好产品品质，做好服务，很快就会形成惯性消费。

最后，具体的晚上分时段降价方案也是精心设计过的。对于一般每周一到周五的普通上班族，都是晚上 7:00 前后到家的，7:00 ～ 7:30、7:30 ～ 8:00 这个时段分别是 9 折和 8 折的时段，大多数的上班族都会在 9 折这个时段采购，这就让他们感到有了实惠。这既能产生好的购物体验，又能带来更多的销售量，一举两得，而 9 折甚至 8 折对商家来讲也还是有利可图的，至于到了后期的逐步降价时段，估计货量就已经不多了。对于一般消费者来讲，2 折以下就已经和白送差不多了，实际上也确实很少会出现大量免费送出的现象。对于真正追求吃当日肉的顾客来讲，只要货真价实，基本在此之前也都已经先买了，关键是人家会愿意到钱大妈这消费，因为口碑好、放心。

此外，钱大妈品牌、口碑的树立，为其带来了很大的客流，进而会吸引资本的介入。或许这也是创业者看重的关键点，它能够为企业带来资金方面的支持，从而迅速地发展起来。2017 年和 2018 年，钱大妈先后获得了两次融资，当年公司的门店突破了 1000 家。到了 2020 年，全国门店已突破 2000 家，营业额超过了 70 亿元。

（资料来源：笔者根据多方资料整理而成）

案例启示：

起初，钱大妈只是众多生肉商家中的普通一员，凭借其过人的经营理念，出人意料地从商海中杀了出来。这个案例给我们带来的启示是，不管市场竞争有多么激烈，经济环境是如何的不理想，只要市场还有需求，商机就从来没有消失过，关键在于自己能否真正领悟到商业的逻辑。不卖隔夜肉的经营理念，看起来只是营销思维对人性精准把握的一次精彩表演，然而隐藏在其后面的深层次的却是商业伦理的逻辑。

首先，不卖隔夜肉表明的是商家对客户健康的关注，它在告诉消费者钱大妈只卖健康的食物，把维护客户的健康放在经营的首位。这就使钱大妈在道德方面获得了市场认同，钱大妈的形象开始具体化了，有了温度。

人性的逻辑告诉我们，一切道德的行为总会在人们的心里产生共鸣，因为它是“利他”的，会让消费者产生被关心、受保护的心理暗示，给人带来亲切感、信任感，人们自然会愿意在这里消费。

其次，不卖隔夜肉也是商家自律的“安民告示”，把市场的痛点直接变成了自身的卖点。这是一种自我约束的道德修养的体现，只有货真价实的道德人才敢于从道德的层面来展示自我。当然许多欺诈之人也是不停地向别人标榜着自己的诚信，但企业实实在在的经营行为才是真假的试金石，当人们认定了诚实的企业，该企业的市场地位也就自然形成。

骗子之所以宣扬自己是道德的，就是因为他们清楚道德才是获取别人信任的最佳工具，有了道德的光环，获取利润是一件顺水推舟的事。所以，商业伦理的道德力量是企业发展的保证。

还有更多的企业通过它们的产品及广告宣传，都在表达它们对客户需求的关心和重视，并且人们也能从中看出企业的社会责任感，这些企业的经营理念中都同样散发出了商业伦理的道德气息。

专栏 4-4

三星集团

韩国三星电子集团的经营理念是“与员工共同成长”；其产品理念是“让市场决定产品质量，质量是三星人的尊严”；服务理念是“有开始的日子，没有终止的日子”“细致周到、尽显至美、至善至美”。三星公司还从工作目标、精神、作风等十多个角度来诠释公司的理念，也正像公司CEO所说的那样：“经营的好坏在于用人”“把企业当做自己的身体来对待”。正是有了如此人性化的理念，才造就了三星公司今天在世界上获得的不可忽视的地位。

海尔电器

海尔公司为使企业从制造型企业转向服务型企业，率先提出了“先服务，后制造”的经营理念。这种理念是把对消费者的服务放到了市场营销的前端，并建立了独具海尔特色的层级经营模式，体现了把服务前置这一新型的经营理念。

TCL

TCL公司一直提倡“以人为本”的理念，明确人是企业最重要的资源。该公司非常重视对人力资源的培养及挖掘，公司内部每年都要实施一项员工满意度的调查，考核人力资源的各项目标是否完成，以此来发现经营理念是否得到真正的体现，同时又听取各方面的反馈意见，为下一年度的经营管理提供人因方面的决策依据。

宝洁公司

宝洁公司的经营理念：让顾客认可公司是提供了世界一流商品和服务的公司，并通过产品来一点一滴地美化生活。

雀巢公司

雀巢经营理念的缔造者们向人们描绘的雀巢公司的经营理念，就体现在该公司母鸟在喂小鸟的商标里，公司的经营理念就是“Good Food, Good Life”，它表现出其产品会给人们带来家庭般的温暖和健康。

麦当劳

麦当劳公司推崇的黄金准则是顾客至上，顾客永远第一。提供服务的最高标准是“质量、服务、清洁和价值”。

（资料来源：笔者根据多方资料整理而成）

案例启示：

从以上事例可以看出这些著名企业的经营理念，它反映出企业对社会的一种责任的宣誓，同时许多企业也承诺为客户提供各种贴心的、精准的服务，以此凸显其产品与用户之间的友好性和关联性，并使企业的整个经营和发展目标清晰、正向，从而更加接近客户群体的内心，以取得市场的认可。这一切的背后，都反映出企业对员工、对客户的关爱以及人性关爱的伦理观，同时也可以看出一个企业对社会的责任感，而这两者恰好是企业社会伦理道德责任的一种反映。因而，企业的经营理念就是企业商业伦理的精神体现，因为商业伦理不能只成为一个抽象的理论概念，而应该成为企业日常工作里的真实存在。

此外，经营理念还能反映出企业真实的价值观、企业员工的人生观，以及企业跟社会和自然能否友好关联。所以说，企业的经营理念所反映的就是一个抽象的商业伦理进入具体的“企业肌体”后的产物。

企业经营理念的一般定义指的是企业最根本的管理思想及管理目标。企业的各种活动都会围绕着一个根本的原则，一切的管理也都需要围绕一个根本的核心思想来组织和运营，而这种根本的原则和核心思想就是企业的经营理念。企业的经营理念是确定企业经营思路和结果的“神圣的宪法”。

各企业经营理念的共性特征可以概括成如表 4-2 所示几点。

表 4-2　企业经营理念的共性特征

序号	共性特征
1	反映出一个企业对它所处的社会环境及对企业自身的使命和核心竞争力的自我认知
2	能够让企业全体员工认知和认同，要兼顾并平衡内部的各方利益
3	具有社会道德伦理的规范作用
4	经常接受实践的验证和时代的考问，进而不断地加以丰富完善

一是企业的经营理念反映出一个企业对它所处的社会环境及对企业自身的使命和核心竞争力的自我认知。这种认知是否正确将决定这个企业可否实现持续的经营。企业经营理念的设定绝不能与实际脱节，纯理论的理念是没有生命力的，因为它既不存在也无法实现。

二是企业的经营理念应该能够让企业全体员工认知和认同，要兼顾并平衡内部的各方利益。

三是企业的经营理念必须要具有社会道德伦理的规范作用。任何企业里的人首先是一个社会人，企业内部的思想认知首先也是社会公序良俗下的反映。社会认可的经营理念才能为企业带来收益，经营理念应该就是企业社会形象的最佳“广告用语”，它能为企业争取到社会的认同和支持。

四是企业的经营理念应该经常接受实践的验证和时代的考问，进而不断地加以丰富完善。

经营理念原本最佳的运用就是一以贯之，然而绝大多数企业在早期创业时经营理念是随机产生的，企业的初期目标基本是机遇导向下的单一的利润追求。当然也有少数创业者在创业之初就注重经营理念的确立，企业家与一般商人的区别就体现在他们具有社会使命感。即便如此，随着企业的发展及各种环境因素的不同，企业的经营理念同样要进行相应的补充和完善。

企业经营理念必须要与社会的公序良俗相契合。具体来看，企业的经营理念究竟应该由哪些内容组成呢？应该说，不同的企业、不同的行业、不同的社会文化背景，会产生不同的经营理念。每一个企业都会有自己的故事，但也都会有一个共同的目标，那就是对利益的追求。

在任何时代，企业追求的目标就是利益，这一点没有丝毫的改变。所以企业的经营理念总是围绕着如何实现自身利益来确定，同时它也应该满足社会对企业的期盼和要求，否则企业就会被社会唾弃。这就要求企业获取利润的手段、途径都能被社会所接受。

企业的经营也需要将社会中各种有用之才吸引进来，建立一支运作良好的企业团队。同时，道德与否也必然是企业管理的需要。

由于东西方文化的不同，双方企业在表述经营理念的时候便具有各自的特点。东方文化相较西方文化会更加泛化、含蓄，会更加重视精神层面的内容。我国许多企业的经营理念中常有创新团结、胸怀宏志、以人为本、共创未来等属于比较宏观或具有气势的共赢词汇。这些表述的背后反映出经营者在追求长远获利的同时，都希望能站在道德的高点，从而获得价值观及文化思想等软实力带来的红利。

第三节　企业管理中商业伦理的重要性

一、企业管理中商业伦理的含义

我们知道，企业管理是企业生产经营活动中发生的计划、指挥、组织、协调及控制等一系列活动的总称，它是进行社会化大生产的客观需要，如图 4-1 所示。不同类别的企业在企业的架构、业务流程等方面都会有所差别，但只要是企业就会有一些共性——以盈利为目的，所追求的是企业效率和效益的最大化。所以，企业管理活动就是围绕着如何更好地运用各类资源来展开的。在这些要素当中，除了资本和生产资料以外，其余主要的要素都属于人的范畴。所以，商业伦理在与企业管理结合时，主要是对接由人主导的各种要素。企业的管理伦理就是企业在协调内部人因问题及外部公共事务（包括企业与客户、供应商、债权人、商业对手、公共机构及社区、自然环境等外部因素，股东、高管、员工及员工彼此之间、员工与物质之间等内部因素）时所应遵守的行为规范和准则。

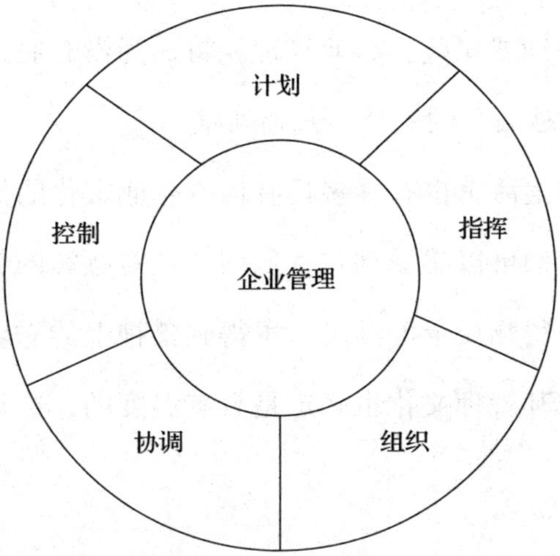

图 4-1　企业管理

连接企业对内、对外的纽带主要是各方的需求，这是一种经济联系。这种联系可以具体分为三种关系：一是契约关系，就是以合同的方式形成的约定关系，它依赖的是各签约方守约的信用，是建立在诚信基础上的关系，所以它属于一种商业伦理的关系。现代企业中大多数的关系都属于这类关系。二是利益关系，指的是相互依赖的一荣俱荣、一损俱损的联系。它可以是因法律或制度而形成的，也可能是因为血缘、姻缘等其他因素而产生的联系，这种关系的基础是社会的道德伦理观，是属于一种社会伦理（包含法律）的关系。三是公共责任关系，是企业对社会及大众责任意识产生的关系，如环境保护、灾难捐赠、扶贫等行为。它来源于社会对企业的道德期盼，也是企业社会良知的反映。利益关系是一种较为稳定的关系，因为它首先是建立在理性基础上的，同时它又是生存所需。然而在这些看起来完全是出于利益考虑而产生的关系里，却暗含着无处不在的伦理逻辑。如果没有道德伦理的约束和指引，所谓利益的关系也是无法维系的。

商业领域里的纠纷和事例，均不断地在证明这一点。各利益相关方相互间的信任基础一旦松动或塌陷，企业管理就将成为没有底线的混战，最后企业拥有的只会是“战后”的一片“残垣断壁”。

然而，在现实生活里也有许多具有良好企业文化的优秀企业，在它们的经营活动里，人们可以感受到友善的服务及对顾客的关心与照顾，使顾客的消费过程既获得物质上的满足，更得到精神上的慰藉。能把生意做成有人情味的企业，其管理文化也必定是具有温度的，这是企业管理文化外溢的结果。

专栏 4-5

有温度的海底捞文化

餐饮行业是典型的员工密集型行业，属于日复一日循环往复进行着重复性工作的服务业，当面对大量的人群消费的往复后，员工都会出现身心疲惫的现象，如何确保员工的工作水准和激情成为管理工作中的难点。对于管理者来讲，单靠严格的制度管理就有可能将服务工作变得机械化，长此以往，各种矛盾就会层出不穷。所以，企业文化的重要性就因此显现出来。

每一位到过海底捞就餐的顾客都会对其服务留下深刻的印象，这里服务的热情和周到会让人感觉像是在老朋友的家里做客一样。它带给人的是一种相互间并不陌生的关心和友善，举手投足中也没有了其他地方常见的职业刻板。从他们发自内心的微笑和友善中，你能感到这是一些感受到幸福的人。一家企业如何能让自己的员工在工作中表现出一种温馨幸福的感受，这背后一定是他们在企业内得到了同样的关注和关爱。因为在人的交往中，情感的温度是会自然传递的。

海底捞创始人张勇是四川简阳市人，他曾经是民工出身，所以深知出外打工者的艰辛和不易。对于自己创建的公司，让他感到骄傲的是“海底捞企业文化”，在这里他告诉员工，要靠自己的双手改变个人的命运，要通过自己辛勤的劳动创造自己的人生价值，海底捞将给大家提供一个温馨的平台。他认为做生意的基础其实就是“人”——企业员工。只有让员工感受到企业是真心关心他们的、企业的生意就是大家共同的事情，他们才能够自觉地投入到工作中去。事实上，海底捞对员工的关爱并不停留在口头宣传上，而是做得非常细致，他们是把员工当成家人来照顾和管理的。

海底捞会向员工提供统一规范的员工宿舍，宿舍里装有空调和暖气，员工在宿舍里还能免费上网进行娱乐。海底捞还专门雇人负责员工宿舍的卫生清理，并定期换洗床单。员工从宿舍到达工作的地点只需花20分钟步行的时间，为员工上下班提供了便利的条件。在四川简阳，为了解决员工子女的教育问题，海底捞还专门投资建设了海底捞寄宿学校。同时，对评选出来的优秀员工，还将该员工每个月的部分奖金由公司寄发给员工仍在家乡的父母。这种浓浓的具有人情味的制度安排，让员工们感到海底捞就像是一个大家庭一样，企业的管理者除了在工作中对他们提出要求和管理之外，对大家的生活更是非常的关心和照顾。

（资料来源：笔者根据多方资料整理而成）

案例启示：

我们知道，企业管理能力既是科学也是艺术，更是企业伦理道德“成色”的体现。讨论企业管理中的伦理问题，关键是建立阳光、正向的企业文化。任何企业都应该善待自己的员工，否则就谈不上造福社会。笔者曾经和海底捞的员工聊过他们的工作和生活，该员工对自己的师傅和同事都赞誉有加，从对方的言谈中就能感受到企业内部和谐的团队意识，这就是现实中企业软实力的表现。

笔者在与家人到海底捞就餐时，为我们服务的就是一位普通的店员，看到家人中有小朋友，一会儿她就拿来两个玩具礼品送给小孩，这让家人们都非常开心，直接又订了下次就餐的时间和房间。可见，企业管理的成效会自然地转化为市场营销的成果。

二、企业管理中决策的伦理要求

1. 企业决策应避免的非伦理误区

一是应避免单一自我利益视角的决策。一些企业在决策中只关注企业自身的利益，一味地寻求收益的最大化，却严重漠视甚至践踏了其他方的权益。以次充好、以假充真等行为，就是企业经营者为了降低生产成本，谋求更多的利润而罔顾大众权益的不道德行为。

二是应避免决策中经济利益至上的倾向。当一些经营者看到市场中的商机和诱人的利润时，往往只会盯住本企业的经济利益，或者只考虑单一的经济指标，对企业生产经营活动中可能出现的对周边环境、区域生态带来的危害后果考虑不周。

专栏 4-6

嘉兴市的环境保护

为了实现浙江省嘉兴市高质量的发展，并营造出良好的生态环境，当地政府采取有力措施，严厉打击各类环境违法行为。2018 年，浙江省嘉兴市环保局报告当年第一季度全市环境监督执行的情况，公布当年的首批环保黑名单，并开展多项专项行动，强化了联合执法的力度。同时，采用的“黑名单”惩处方式，使进入“黑名单”的企业在申请银行贷款、贷款利率、授信等级等方面受到较大的影响，迫使一批环境违法企业主动停止违法行为，改善、提高了企业的环保能力。

（资料来源：笔者根据多方资料整理而成）

案例启示：

从上述案例可以看出，市场中确实存在着一些只追求企业利润而破坏社会环境的行为。嘉兴市政府环保部门整合各方力量，坚持不懈地对环境污染的违法行为给予严打，并通过法律手段及舆论曝光等综合治理的方式取得了明显的效果。这都说明，企业早期处于“原始积累”的阶段时，逐利自然是许多企业的单一目标，加上企业从业人员素质的参差不齐，“经济利益至上”的思想就成了不顾公众利益的似乎“合情”的借口，出现了“各人自扫门前雪，哪管他人瓦上霜”的自私行为。这也说明单靠企业的自我道德约束，社会的公共利益是很难得到保障的。

三是应避免决策时缺少伦理的思考。市场中还有些企业在决策过程中会漠视伦理问题，甚至个别经营者在决策时基本忘记了伦理道德的底线。例如，2001 年 9 月，南京市某公司利用 2000 年剩余的已经霉变的月饼馅儿来加工新月饼并进行销售，该行为被中央电视台曝光后，引起了社会的强烈回应。从这起事件可以看出，个别企业决策者的道德素质极为低下，在企业决策中根本不考虑伦理问题，不顾广大消费者的健康和权益，只考虑如何能更快地赚取更多的利润。这种不符合伦理道德的行为，其结果不但会对社会环境、市场经济环境造成负面影响，也最终会给企业自身及决策者本人，甚至给企业员工带来较大的伤害。

2. 伦理决策的运用

伦理决策的运用包括如图 4-2 所示的三个方向的内容。

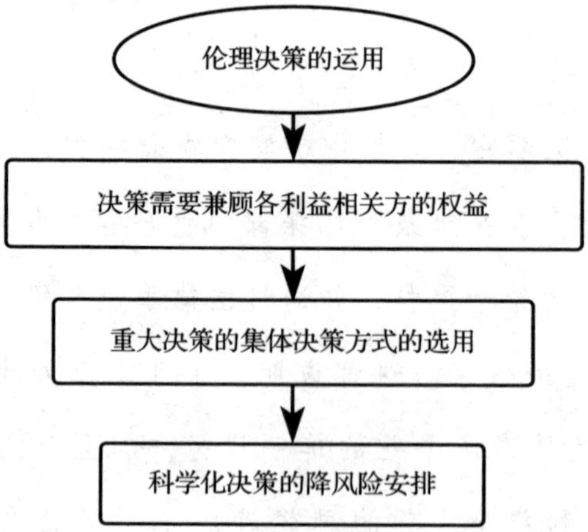

图 4-2　伦理决策的运用

一是决策需要兼顾各利益相关方的权益。企业的决策绝不仅涉及企业单方的利益，决策的正确与否还会影响到与企业关联的各利益相关方，这是一张相互关联的利益网络。首先会涉及出资人、管理层、职工及其家庭的权益；从企业外部来看，将涉及供货商、经销商、服务商、消费者及政府机构、社区、环境等方面。当企业完成决策开展商业活动时，其实各方面的利益和关联性都会随之被激活。所以，决策一旦出了问题，所产生的后果，就不仅是影响企业的权益，还会波及其他各方。

二是重大决策的集体决策方式的选用。在以往的实践中，许多企业出现了亏损直至破产风险，以及上了一些不应该上的项目，从事了一些自己控制不了的行业，这种状况常常就是由于单一的企业主要负责人去决策造成的。所以，在事关企业命运的重大决策时，应该采取集体决策的方式。采用这种方式可以在事前与利益相关的核心人员进行广泛的交流，尽量从各个角度进行充分的考虑，以避免“决策盲点”的发生。此外，这种方式的意义还在于，能够充分地赢得各方面的理解和支持，进而调动各方面的积极性，能够将各方的力量与企业力量进行有效的整合。

专栏 4-7

投资决策案例

珠海市某集团的创始人曾经是名声很响的企业家，作为改革开放以来民营创业者的代表性人物，他的兴衰历程给当代经济的发展带来了许多有益的启示。该公司曾经声名鹊起，使经营者产生了违背企业实际情况的投资雄心，未经认真的论证及研究就决定进行重大投资，特别是投资超出自身能力建设 70 层的企业大厦，最终使该集团和他本人均陷入了困境。该集团经历的大起大落也成了我国现代企业经营中非常具有代表性的案例。

事后，他本人反思并总结了导致这一结果的几点原因。

一是投资方向的问题。企业做了许多不该做的事，造成了非常大的资金缺口，最终出现了无法运转的困境。二是资金结构的问题，一方面公司资金的流动性太差，另一方面则是应收款过多，这就使得企业的抗风险能力较弱。三是企业管理的问题，责、权、利关系不配套，口号偏多而实际上是与管理体系脱节的。四是企业文化的问题，企业文化成了空洞的口号。

其实上述经营管理方面的问题并不是该公司主要的“病灶”，深入分析可以看出最根本的原因是企业组织功能的失能，核心问题却是一股独大下的“独角戏”所致。该集团的案例恰好向我们证明了个人决策这种单一决策机制是非常容易出现决策问题和风险的。不可否认，单一决策这种方式的决策效率非常高，但它又容易导致决策前期的论证过于简单、随性，决策过程也缺少各方面的补充意见和多角度的思考，这是一种风险较大的决策方式，是仅凭个人经验和直觉就构成了决策因素的单一决策方式。

虽然该创始人也特别谈到了管理方面的问题，我们却能感到企业应有的“主人翁精神”的缺失，管理层都抱着“打工者”的心态，企业良性的管控机制并未建立，进而造成了内部的“信任危机”。例如，其分公司经理就连日常业务接待的权限都没有，但要承担的任务和责任却很多，责、权、利不匹配，最终导致了人因变化，造成管理失控。实际上也反映出了管理上企业文化的缺失和混乱。本来企业文化应该是管理的重要组成部分，除了有正常的制度管理外，企业中的不良风气和氛围都需要企业文化来进行约束、引导，以推动企业稳定、健康、持续地发展。虽然该集团也提出过企业文化方面的口号，但太过空泛。这种状态下的企业，其风险发生的可能性极大。

这一切都起源于“一股独大”的单一权重及决策，是它抑制了企业应追求的员工的内生动力。当企业发展壮大后，企业家首先要考虑的是调整管理机制，激活企业人才群体的力量使之形成合力，从而更好地驾驭这艘不断成长的大船。当企业从无到有并发展壮大后，就更要做好企业战略的谋划和调整，甚至需要用到“外脑”来进行决策。古今中外成大业者都善于在决策前广泛地听取意见，如三国时期的曹操，每临重大决策时，都会召集身边的谋士一起来共同议事，这也使其帐下的众多谋士忠心于他，并真心实意地为之出谋划策。

反之，单一决策方式一旦导致战略决策失误，还易引发执行层面的消极情绪，进而产生连锁效应。该集团的失败正是由于决策者在重大决策时的任性草率所致。从决策逻辑的构成来看，至少有以下几个方面是该集团没有进行必要的思考和调整安排的。

一是在没有先行开展有效的市场环境分析，并建立起稳健的资金保障安排及完善的管理机制下，盲目采取了激进的外拓战略，最终导致企业资本的空虚、资源流失的发生。二是核心竞争力的逐步丧失。企业打造核心竞争力必须要有战略核心资源，包括人力、物力的投入，并且要持续地进行下去。只有把这些战略资源不断地进行优化整合，才能形成自己的新的价值资源，让企业在市场上得到持久的发展。三是企业发展战略的陈旧落伍。在不断变化的市场环境里，企业能否长盛不衰的关键就在于企业采取了什么样的发展战略。当年该集团遭遇衰落的时候，企业的决策者并没有采取及时有效的战略调整，而是不顾实际变化，一如既往地坚持实施旧的发展战略，没有看到旧的发展战略已经不能适应企业发展的需要了。四是对单一的广告的过于依赖。该创始人一直非常重视广告宣传，他对广告的痴迷程度也是其他企业家所不及的。虽然广告轰炸的起初效果比较明显，销售额随之增加，但持续的单一宣传也会产生负面的影响。当产品本身面临许多外部威胁的时候，本应集中力量进行产品的深耕和提升，然而他却依然将注意力放到了广告营销上，使原有的优势逐步变成了劣势。五是缺少严肃、科学的企业治理机制。集团的董事会并没有发挥应有的功能，由于公司的其他高管一直没有公司的股权，也没有形成真正的决策层，更无权干涉主要负责人的决策。在讨论重大决策时，作为事实上的执行层，他们却很少坚持自己的意见。另外，在该集团的决策层里也没有一种外部理性的制衡，实际上，这种高度集权的企业治理方式出现决策风险的概率必然是很高的。

（资料来源：笔者根据多方资料整理而成）

案例启示：

从本案例可以看出，企业长期“一股独大”，所有事都由“老板”一个人在思考和决策，绝对是存在较大的潜在风险的。在市场经济的大海上，如果出现了对事关企业生存的重大决策都不进行必要的事前研究，核心层也未进行认真的讨论交流，仅凭老板一个人的决断就能取得好结果的情况，那么，老板不是非同一般的高人，就是运气超好的“赌场赢家”。但这不是在做经营，而是在进行一场场的赌博。

三是科学化决策的降风险安排。企业的经营活动应该建立在理性和务实的基础之上，务实的前提就是必须要做事前精准的调查研究。对于重大的决策，要充分地进行相关事项的调查论证和可行性研究，只有这样才能使企业的决策更加精准、科学，从而有效地防止决策失误。所以，设定一个科学的决策程序，是企业决策成熟度的具体表现。

3. 理性决策的建议

理性决策的前提是进行理性的思考和梳理，所谓理性决策是理性思考分析后的选择及决定行为，它首先要求决策人必须有理性思维的能力，而理性思维是人类逻辑思维的性格表述，属于抽象思维活动。决策人先要想清楚决策的目标、前置条件、决策要素、方法及程序方面的问题。同时，决策者自身要具备决策的先决条件，如图 4-3 所示。

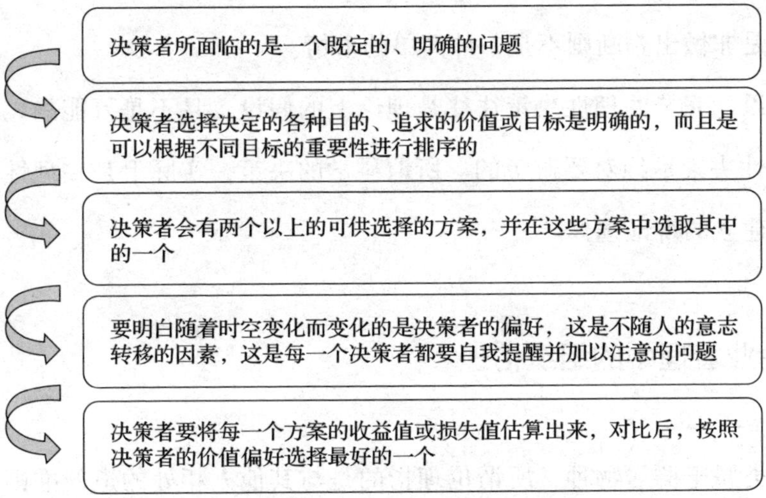

图 4-3　决策的先决条件

此外，在决策制度设计中也会有一些相关的决策文件要求，具体需要如表 4-3 所示。

表 4-3　决策文件要求

序号	决策文件要求
1	完整的并赋予权重的操作目标
2	对比后推荐期望值最高的方案
3	准备一套有关价值与资源完整的清单，并赋予权重

续表

序号	决策文件要求
4	对每一个方案的成本效益进行完整预测性的报告
5	对每一个方案计算净期望值的分析报告
6	除推荐方案外，还应准备另一套完整的备选方案

当然，在实际经营过程中，人们会发现表 4-3 所述的有关条件会遭遇到许多障碍。决策时往往仍有许多不确定因素，或面对的不是一个预想的问题。此外，在决策过程中，每个人的价值观也难免会有所不同，要对这方面的是非做出判断则不是一件简单的事情。

所以，完全的理性决策往往是理论上的假设，且不是万能的，但完全的非理性决策是绝对要避免的。所谓科学的决策，实际上是在理性决策的基础上建立的辩证选择。

三、企业管理中的组织伦理

人类属于群居物种，所谓伦理指的是与其他人相处的道德准则。每个个体在人类社会中都是在最小群居单位中生存的，一般来说，每一个人从诞生之日起，就以家庭为单位与其他人发生关联，对伦理关系的认识是从家庭成员之间展开的。在中国的传统文化中，每一个人都是在以血缘为纽带的群居生活中生存的，而且常能见到几世同堂的大家庭，兄弟姐妹、三姑六舅等血缘关系构成了一个小社会。不同家族的家风、家训，家人与亲戚之间的相处规矩，就是每个人最早接受的道德伦理教育，并逐步形成初始的道德伦理观。等到长大进入社会，在与其他人相处时，也会通过用血缘伦理关系来进行类比，从而解决与他人的相处之道。例如，在父权社会里，常将一国之君比作父亲，国君就如父亲在家庭的中心地位一样，主导着国家的一切事物，就有所谓“君父”之说；地方的行政主官也有“父母官”的说法，对待大众要有“爱民如子”的情怀；社会上朋友之间的关系也有如兄弟般的关系的比喻等。可见，家庭是社会伦理关系的起始点，家庭伦理道德观直接影响社会中的伦理道德观，是影响每一个个体直至影响社会的伦理道德观基础。

进入工业文明时代后，尤其是在城市化的现代社会，家庭单位已逐步地零散化、小型化。日常生活中人们和邻里之间并无血缘关系，亲朋交往也越来越少，但人们作为“社会人”的时间占比往往要远大于作为“家庭人”的占比。随着生活节奏的不断加快，也使家庭内的生活时间进一步受到压缩，人们花在职场、商场、官场、交际场的社会交流精力开始大于家庭成员之间的交流投入，受社会交流中的伦理道德影响也远大于受家庭亲友之间的影响。

大多数作为社会人的个体，都从属于某一个企业或某一单位、某一团体，也就是从属于某一组织，因而组织内部的伦理相处是“社会人”的首要伦理课题，组织伦理对人和社会的伦理观影响是当今社会伦理的基础性因素。

讨论组织伦理之前，要先清楚组织的定义和特征。组织是为了实现某些特定目标经由分工与合作，以及不同层次的权力和责任制度设定而构成的人的集体。具体到商业组织，商业组织所追求的特定目标就是盈利，追求的是尽可能多的利润。在商业组织的内部也有不同层次的权利和责任、分工与合作。把企业的人力集合在企业管理中的过程，是通过企业组织行使其职能来实现的。组织职能实施一般会涉及组织结构和设计这两个概念。

企业组织结构指的是企业组织的框架体系，是一个企业里各构成部分之间建立关系的具体形式，它是组织运行流程及权重分配的基础。组织设计是管理者对某一组织结构进行设计或变革的活动，也可以说是管理主体对某一静态管理机构或单元进行的制度设计或改造。它是管理行为过程中的一个逻辑建设阶段，是企业管理实践活动重要的前置工作。

在企业管理过程中，伦理管理可分为组织设计中的伦理要求和组织架构中的伦理要求。组织设计中的伦理要求是进行组织设计过程中应遵循的伦理原则及要求，是管理者从事组织结构变更与改造的伦理基础。这其中的伦理要求如图 4-4 所示。

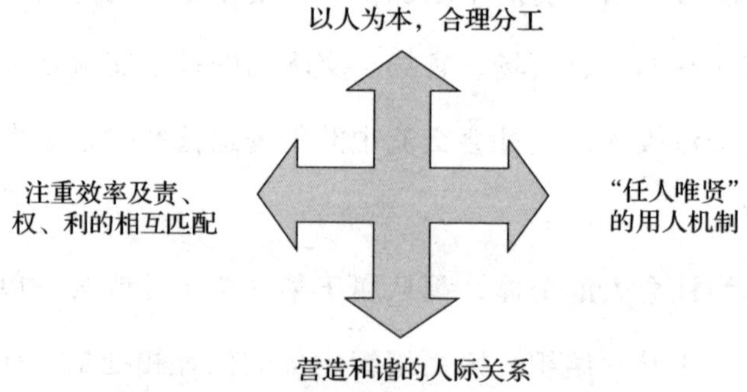

图 4-4 组织结构变更与改造的伦理基础要求

1. 以人为本，合理分工

组织设计的目的是要形成整体大于部分的优势，将有限的人力发挥出最优质的配置效用。采取不同的组织结构分工设计，同样的资源会产生不同的效用。因此，“以人为本，合理分工”是组织设计中的重要因素和伦理要求。在企业的经营活动中，不可避免地会遇到划分个人工作范围及分工方式的问题。分工有利于将各类人才特性精准地发挥出来，进而提高企业人力资源的效用，避免出现资源浪费，既节约了投入，又扩大了产出。然而，实践证明并不是所有的分工都是合理的。过集中的分工虽然有利于经济效率的提高，但劳动强度偏高，工作人员容易产生疲劳、忧虑甚至焦虑等情绪，容易产生事故或诱发冲突。反之，过分散的分工又会产生效率低下，久而久之也会导致是非多发，使工作人员的能力片面化发展。总之，“以人为本，合理分工”就是要使人力资源的效用最大化。

这里有一个关于管理分工的有趣故事与大家分享：有一位年轻的炮兵军官下连队进行调查研究，他发现每次操练时，都有一名士兵站在炮筒下纹丝不动，且不用做任何事情。经过深入了解后，才知道原来这是因为旧的《操练条例》导致的。过去因为是马拉大炮，开炮时需要有人来拉住缰绳，以防马拉炮移影响射击精度。现在早已不需要马拉大炮了，但条例并没有做出相应的更改。从这个故事可以看出，企业的分工应该按照岗位实际需要来设计，过去合理的分工不是一成不变的，“适用的才是最好的”是管理者应谨记的管理原则。管理者要不断地巡检及调整“过期”的管理内容及方式，以确保企业的效率，减少管理的内耗。一旦内部出现“不拉马的士兵”这类事情，它的影响决不仅是这一个岗位上的人力浪费，它还会影响其他岗位人员的心理，会带来不公平的感觉。因此，分工安排是企业管理者必须要重视的问题。

2. 注重效率及责、权、利的相互匹配

注重效率减少扯皮，就是要进行适度的职权分配。责、权的匹配包括对组织职位的等级、权力范围、从属关系的清晰有序的设计。出于效率优先原则，要注意避免权力过于分散或过度集中，还要正确地去分解权力与责任。要处理好权力和责任的匹配问题，就是要进行合理的权力、责任的分解，要体现出不同的等级应该承担相应的责任，并要有不同的职权、荣誉和物质利益与之相适应。管理者的出发点是从提高管理绩效、顺利实现管理目标来考虑的，要让管理人员在相应的岗位上具有适度的权利与责任。进行合适的职权分配，就是要实现组织中人尽其职、人尽其责、各得其所的效果。

专栏 4-8

责、权、利的不对等问题

某连锁企业的门店内居然出现了没有人愿意当店长的怪现象。一般来讲能够当上店长应该是每一位店员求之不得的事情，仔细了解下来才发现原来是店长的事多、责任大，还要对门店的业绩承担责任，但每个月工资只加 200 元，所以没人愿意干。

另有一家拥有 3000 多员工的生产企业，销售部门负责在市场中承接生产订单，一般来说销售部门是按营销业绩考核的，只要接到订单就是胜利，但是订单还要经过技术部、生产部、财务部等部门的审核。从这些部门来看，技术部担心有些订单的产品在技术上会有风险，生产部担心订单过散组织生产不易，财务部则考虑资金方面的问题，常常导致订单被否。这让销售部门非常生气，部门之间的关系也非常紧张，最终只能将问题上交，由公司领导来协调。

还有一家企业的几个小股东对大股东的强势无可奈何，因为大股东股权占比在 51%，却一直控制着 100% 的经营管理权，小股东对企业的经营完全没有话语权。

在一般民营企业里，因为公司是老板一个人出资成立的，他对企业有着绝对的话语权，其他人也不会有异议。但当企业做大并聘用高管后，在不愿意放权的情况下，如何让高管们也承担经营风险是许多民营企业家们要考虑的问题。有些高管看上去似乎拥有了一定的干股，也担任着子公司的法人代表，但并没什么实权，公司的一切实权依然掌握在老板一个人的手上，决策时基本也都是在迎合老板的意思，责、权、利机制依然是企业老板随性的一句话。

在一些国有企业里，有些部门的权力很大，但责任却很小，不承担什么责任却能具有很大的否定权，这对具体做事的部门是一种很大的打击。

某些工业企业里，采购部门俨然是一枚橡皮图章，一些日常的采购其他部门嫌麻烦就交给采购部，对于重要的采购往往又以太专业为理由抓在了手中。一旦出了问题又开始推诿扯皮，导致企业内部矛盾层出，效率低下。

责、权、利的对等问题是一个常见的管理问题，也是企业管理中容易引发内部矛盾的问题。相互对比是人类群体中最容易看出问题的方式，每个人都在算计着自己与他人的对比情况，一旦感到自己亏了就会产生负面情绪，感到不公平，因为人的优越感、满足感多数来自对比。责、权、利的对等是企业管理合理性的反映，这既是管理架构及人员分工适用度的反映，也是权力分配及考核制度合理性的结果。它是企业内生竞争力的催化剂，也是减少内部矛盾的关键，更是员工工作心态是否平衡的隐性标准，正所谓人人心中有杆秤。

（资料来源：笔者根据多方资料整理而成）

案例启示：

适用度最大化是企业组织机构设计及调整的目标，企业要有精准的用人成本意识，将企业所需要的人员组织起来，使之成为企业最核心的资源，用好、用足这一资源是企业组织管理者的首要任务。在责、权、利相适的规则下，让合适的人做合适的事就是最大的组织伦理。

3.“任人唯贤”的用人机制

“任人为贤”的用人机制就是要实现“让合适的人做合适的事”，这样一方面可根据个人的愿望和特长把人才安排在相应的岗位和职位上；另一方面也可根据岗位需要，将具有相应技术、技能和综合素质的人员安排在该岗位上，其目的就是使企业的人才各尽其能、各司其职。首先，企业是实实在在的经营体，其用人的机制必须要体现出公平，企业成功的重要原因是用人的成功。其次，用人的机制还要保持一定的灵活性，要避免“唯文凭”“唯背景”论“英雄”，因为“英雄莫问出处”。最后，人是具有主观能动性的，人的愿望及特长也会不断地发生变化。要避免因管理者个人的印象用人，这才是最佳的用人效果。

许多企业在用人问题上有许多独到之处，但核心内容都是对所用之人的人品判断与价值选择。

专栏 4-9

美的集团的用人文化

美的集团创建于20世纪60年代末，自20世纪80年代开始用“美的”品牌生产家用电器，发展至今已成为家喻户晓的综合性集团公司。一直以来，该集团坚持创业之初勇于创新、挑战极限的精神，创造出了许多辉煌的业绩，也形成了独具特色的企业文化。

美的企业文化基础是来源于四个价值关注，即服务客户、精准求实、诚信共享及创业创新四个方面。服务客户是指企业的一切经营活动都是为了满足客户的需求，所以这是企业的宗旨与目标，是首要的价值观；精准求实则是企业追求精益求精的工作作风，是企业一切工作质量的基本保障；诚信共享是指真诚交流、利益共享的团队精神，这是构成和谐高效企业团队的必须；创业创新就是超越自我、勇于创新的拼搏精神，因为企业是靠创新来生存的。

谈到美的集团的用人文化，就要从该企业的文化建设经验开始说起。美的集团创始人何享健长期挂在嘴边的一句话就是：大企业做人，小企业做事。这里面实际上就含有对企业管理理念和艺术的一种理解，他认为“办企业就是办人”。所谓做人是指一个人的“三观”取向，以及与他人相处方式的选择，通俗地讲就是如何看待“利”与“义”、“公”与“私”的关系。在公司创建之时，美的集团就把做人作为企业内部管理的一个重要话题。作为企业的管理者或者管理团队，最重要的并不仅是把工作做得更加专业，而是首先要解决好自身的做人问题，要懂得先人后己。这也是商业伦理中所提倡的，要通过“利他”来最终实现“利己”。据说在创业之初，公司曾经决定给员工每人做一套西装，等服装做好之后，大家穿在身上都非常高兴，相见之时才发现，创始人何享健还是穿着那件旧的夹克，这是因为当时公司的资金很紧张，为了节约经费，他并没有为自己做这套西装，这让当初创始团队的其他员工都非常感慨。一个懂得先人后己的管理者，很自然就有道德的吸引力，大家就愿意跟着他干。

同样，在用人问题上，美的集团的标准非常简单直接，就是以企业文化作为用人的选择标准。这个文化的基本观点就是，企业可能会因各种各样的原因导致失败，但成功企业的共同之处就在于企业内部解决好了做人的问题。做人问题其实就是指人品及道德问题，一旦企业存在这方面的问题，这个企业就一定走不远。美的集团就是以此做为企业用人的选择基点，凡是认同企业文化的员工，有能力的人就大胆使用，暂时能力还不够的就培养使用。反之，不认同企业文化的人，即使有能力也只能是暂时的合作，终究要分道扬镳。把做事先做人的企业文化作为用人标准，是美的集团在用人方面非常有特色的一个特点。

（资料来源：笔者根据多方资料整理而成）

案例启示：

笔者当年进入美的集团时，就被问及如何看待美的集团的企业文化。记得我当年的回答是：这是中国传统文化的伦理观。我国的传统文化本身就非常看重会做人这一点，它是一个人世界观、价值观成熟的表现，也是一个人进入社会后能够与他人和谐共处的前提。照顾他人的感受、关注他人的诉求、懂得“舍得”两字的真味，都是传统伦理观所倡导的。即使是在今天的企业经营环境里，社会普遍认可的伦理道德标准，依然是企业管理中应该遵循的是非标准。因为无论人们的职业为何，社会对人的道德标准是一致的，企业团队也依赖于此才会有好的发展。所谓任人唯贤，“贤”指的就是拥有道德的人，这样的人组成的组织才可能是良性的社会组织。

A电脑公司的创始人是美籍华裔企业家，20世纪80年代该企业年营业额就达到了15亿美元，创始人个人财产也高达20亿美元。然而从20世纪80年代末至20世纪90年代初，该公司出现了一系列的失误，致使业绩一路下滑，直至倒闭。

如此惊人变化背后的原因是值得人们深思的。除了技术原因外，这里面最主要的原因是公司创始人在用人这一企业管理的核心问题上，违背了“任人唯贤”的原则，而是采用了“任人唯亲”的血缘第一的方式，坚持任用了自己的两个儿子，随即引起了企业核心骨干的纷纷流失。

这种任人唯亲的做法，决不是个案，其深层次的原因是缺乏对他人的信任，或者是不愿意把自己打下的江山拱手交给他人管理。从企业发展的视角来看，创业企业家在创立企业后，必然会引进大量的外部人才，而优秀的外部人才提供了企业成长所必须的血液。随着企业的壮大，这些外部人才就会逐渐充实到企业管理的各个岗位，慢慢地稀释创业者的权力。

在企业成长过程中，有太多的创业者会难以割舍手中的权力，试图通过将权力传递给子女来达到权力的更迭。从人的本性来看，这也是很自然的一种选择，但子女却不一定能承担起这个重任。如果创业者的子女足够优秀，企业仍能平稳发展。然而，一旦创业者的子女无法承担起这份重任，这种任人唯亲的做法无疑会将企业推向失败的边缘。

那么，任人唯亲到底又会引发什么样的病痛，从而成为企业衰亡的致命原因呢？是资金、营销、管理还是文化？其实都有可能。对于企业来说，最关键的是一旦企业核心层出了问题，企业缺乏凝聚力，人心散了，那么企业就将失去竞争力，进而难以生存与发展了。

如果再深入探究，有些企业在飞速发展的同时，依然保留着创业时的管理模式和管理思想，缺乏企业整体发展观念，要么凭感觉和过去的经验，不分轻重地蛮干；要么是情理不分，人情官司不断，并引起公司其他人员的不满。那么“金玉其外，败絮其中”也是应有之义了，这些都着实令人遗憾。

其实，中国传统文化中早就指明过任人为亲的弊端，用人关键要用贤能之人，而非考虑远近亲疏的关系。《论语·为政》中孔子说“举直错诸枉”，意思是任用正直的人做管理，就会使歪风邪气得到压制，这是一种正向的用人导向。管理活动中正直是纲，其他都是目。好的企业文化的发端就应该是诚实守信，管理者正直与否是组织上的保证。对于任何组织而言，用人的“腐败”是最大的“腐败”。

专栏 4-10

华为的用人观点

2013 年，华为公司创始人任正非在持股员工代表大会上做了发言，内容主要是围绕着华为的用人和未来接班人方面的问题。他表示：华为未来的公司接班人不是他一个人定，而是要通过综合考评后由大家来定。早在华为公司创业之初就确立了任人唯贤的用人理念，也正因如此，公司才发展得这么好。当下华为的轮值 CEO 运作得很好，但未必未来轮值董事会主席就会运作得不好，而且华为的董事会也并不完全代表着资本方，它还代表着劳动方。

任正非认为未来华为的接班人要有视野、品格、意志，还要具备对价值评价方面的高瞻远瞩和驾驭复杂商业生态环境的能力；必须要有全球市场格局的视野，交易、服务目标的执行能力，以及对新技术及客户需求方面的深刻理解；而且，还要具有不故步自封的能力。此外，华为的接班人还必须对公司数量巨大的业务流、物流、资金流等都要具有简化管理的能力，若这些能力是他的家人所不具备的，那么他们将不会进入公司接班人的序列。

（资料来源：笔者根据多方资料整理而成）

案例启示：

企业的发展从不是单靠运气就可以实现的，在复杂的商业市场里，华为能够脱颖而出不是一件轻松的事，它能够战胜如此多的艰难险阻，发展到今天，就因为它具有了人的优势，核心是“人心”。无论做何种掩饰，领导者的私心总是能被员工感觉到，要获得“人心”就只有将心比心，拥有道德之心的掌权者会让人放心，会产生向心力。以贤用人是放之四海皆通的大道理，在华为就能够感到“任人唯贤”的强大力量，这也是商业伦理的力量。无论拥有多大的权力，出于公心是任何的管理者必须清醒的选择，这一点不会有例外。

4. 营造和谐的人际关系

企业要将良好的企业文化作为企业发展的重要基础。一个好的企业文化要具有一种和谐积极的人际关系，它不但利于企业内部形成积极的创业氛围，也是衡量一个组织内的人际关系是否符合道德伦理标准的尺子。在进行组织设计时就要考虑具有互助、互谅的制度安排，要考虑当内部出现管理矛盾时要有协调互商的渠道和制度。这就包括了企业相应的用人机制、考核机制和绩效评判标准是不是公平合理，还要有定期进行评估的制度。人与人之间合作关系的不同会产生截然不同的结果，孤芳自赏、自我意识过强，在任何团队中都是难以生存的。

专栏 4-11

三家分晋

春秋时期，有很长一段时期都是位处中原的晋国最强大，如果后来不发生三家分晋之事，很可能最后统一中国的不是秦国而是晋国。那么，为什么会发生三家分晋之事呢？

晋献公继位后，为防止对其地位的威胁，他大肆对公族的各公子进行了杀戮和驱赶，致使公室衰败，反倒使国内的卿族开始壮大，最终形成了智、赵、魏、韩四家，其中势力最大的是智家。

智家掌权的是智瑶，当时整个晋国的大权都掌握在他的手中。智瑶志大才疏，又刚愎自用，凭借着自己的势力要求其他三家和他一起各自拿出一定的土地交给公家，以增加公家的力量。然而大家都知道所谓公家其实就是智家，但迫于智家的势力，魏家和韩家只好分别将所议的土地拿了出来。然而赵家坚决不同意，他们认为土地是先人所留，岂能随便让出。智瑶知道后大怒，随即率领着包括魏家、韩家的大军将赵家所在的晋阳城包围起来，并开始攻城，赵家率众拼死抵抗。后来智瑶发现晋阳城附近有晋水河，随即引水入城，将整个晋阳城淹在了水里，晋阳城危在旦夕。这时智瑶得意扬扬地带着魏、韩两家观看水情，并指着晋水说，老天真会安排，在你们三家城边都安排有相应的河水，这真是天意，说完哈哈大笑。

这让魏、韩两家备感威胁，加上赵家私下正与两家联系，最后三家联手反而打败了智家，杀了智瑶及全家，并将智家土地全部瓜分了。

到公元前376年，三家顺势瓜分了晋国，正式将晋国一分为三，形成了魏国、赵国、韩国，中国历史开始进入了战国时期。

（资料来源：笔者根据多方资料整理而成）

案例启示：

从这段史实我们可以看出，虽然智家当初势力强大，但智瑶是一个以自我为中心的狂妄自大之辈，不懂得与其他家的团结协作，反倒是以势压人，企图以威胁的手段来控制魏、韩两家，引起了两家的反抗，最终招致灭门之灾。人类毕竟是群居的物种，与他人很好地相处合作，就可以建立一种健康和谐的人际关系。如果想要人与人之间多一些融洽、少一点隔膜、和谐地合作共处，就要克服狭隘的心态，要具有健康向上的心态，良好的合作会给人带来莫大的享受。企业是由人构成的，良好的合作是开展一切活动的必要前提。企业像一艘航行在大海中轮船，必须具有同舟共济的精神，并进行分工协作的合作，这艘船才能安全地航行在大风大浪的海上。

四、企业财务活动中的伦理问题

“不做假账”应该是会计行业职业操守的底线，是一件很平常、很自然的事，似乎也不是很难做到的一件事儿。但现实中，有些企业仍存在做假账现象。

企业财务工作不可能独立于经营和业务而存在，财会人员更是企业员工中重要的一分子。企业的经营难免跌宕起伏，要做到坚守职业伦理底线其实并不轻松。从企业的经营者和其他业务部门看来，财务部门就是要想办法解决资金问题，财务报表不过是实现这一目标的工具而已。为此，常会出现企业的财务部门按上面的意思，做几份不同用途报表的现象。达尔曼事件是我国上市公司里具有代表性的事件，虽然该事件已成为了过去，但事件背后所隐含的财务问题却应引起持续的观注。

在先后长达八年的达尔曼上市过程中，达尔曼公司盈利能力持续下降，财务状况不断恶化，这一切在财务报表上掰拾皆是，那些令人触目惊心的种种疑点，不仅应该引起专业分析人士的注意，而且也应该引起所有投资者的注意，但股市里绝大多数的股民仍没搞清楚对公司的财务报表应该怎么看。一个成熟的资本市场决不会是这样，好在目前的市场治理已在不断的完善中了。

我们究竟是缺少优秀的制度，还是缺乏认真执行制度的优秀的人，抑或是缺少具有商业伦理的社会文化？制度问题并不是一切问题所在，相比之下还是人的问题更加严重。上市公司、政府的监管部门、专业的证券公司及分析机构、投资基金和证券媒体，以及普通的投资者都在这个资本市场中扮演着各自的角色，制度也都赋予了他们相应的权利和义务。但是有一点是相同的，就是他们并不是一堆干巴巴制度的堆积，更是一群活生生的人的集合。如果没有良好的制度我们将举步维艰，但是没有优秀的人才我们将更加一事无成。

至于说到达尔曼事件究竟是给谁带来了教训，这个问题应该说是给股市中的各方都带来了教训。如果我们能借此事件意识到必须要提高资本市场从业人员的整体素质，以及认识到提高股市投资者们整体素质的重要性，努力使目前这个还不成熟的市场变得更加成熟，那么这个教训就是值得的。我们需要成熟的制度，更需要成熟的“人”。

一旦企业财务管理中的伦理操守被践踏，这类“潘多拉盒子”打开后的恶果就极其危险。我们说所谓“人”的问题并不单指人的专业技术能力，尤其对于已具有“成熟”专业能力的人而言。它更多反映的是职业操守的问题，是商业良知的底线问题，是商业经营者及从业人员是否具有商业伦理的问题。在这里我们再一次感到了商业伦理的力量，因为失去了它的指引和约束，后果绝对是灾难性的。

财务管理及其行为是企业管理中的核心部分，商业活动本身就是为利而行，财务报表是商业游戏规则中一种通用的财务语言，它既是企业的经营“成绩单”，更是向所有利益相关方提供的“体检表”，也是资本投资行为的“航标灯”，它是现代经济活动的基本依据之一，也是商业诚信的一种底线指标。如果没有了商业伦理的约束，见利忘义就是很自然的结果。为了获取利益，所谓“聪明的头脑”就会穿越法律和道德的“栏栅”，以“过人的商业天赋”快速“发达致富”。一个没有了商业伦理的市场，“疯狂的前行”最终会自行走向崩溃，也会将整个社会肌体砸得粉碎。

具体说到“假账”的产生，企业财务活动中的道德伦理底线就是不做假账。企业财务活动主要包括资金的筹集、资金的运用和资金的分配等，包括经营中涉及资金的一切相关的活动。从企业的角度来看，财务活动中出现一些非伦理行为会严重影响企业的商业信誉。这对于企业来说，会产生不可持续发展的后果，因为这类行为会将一个企业在整个市场中的信任度不断地拉低。从投资者的角度来看，财务活动中的非伦理问题会对投资者和债权人的利益有所损害，削弱投资者的投资热情。对于其他利益攸关者而言，企业、投资者及其他利益相关者的利益都会因非伦理行为而受到影响。如企业隐瞒所得利润，达到偷税漏税的目的，或提供虚高的销售成本，从而损害了国家税收、供应链上下游和其他竞争对手的利益，出现的伦理问题集中反映在会计信息走形和信息披露失真等方面。

此外，企业财务伦理问题还涉及企业的审计业务及企业融资活动。其实很多虚假的信息，包括财务做假账都是为了达到融资目的。

所以，在企业的经营管理中，防止发生财务伦理问题是确保企业健康经营与可持续发展的重要原则，也是保证市场经济能够健康运行的基本要求，更是社会大众对企业生存价值和意义的最低要求。

第四节　国际经营中的商业伦理问题

一、文化差异导致的伦理问题——伦理相对论

随着中国经济的迅速发展，我国企业也更多地走出国门，开始在世界各地进行投资经营。在进入异国他乡的经营过程中，多数企业都会面临各种的矛盾和问题，这些问题中既与我们自己经验不足、准备不够有关，也与对当地的政治、经济、法律、文化、习俗等有关社会因素差异性的影响估计不足相关，如有些地方政局不稳，偶有爆发局部战争，动荡的社会就会发生群体性的抢劫事件，物价也会出现暴涨暴跌，致使企业根本无法开展正常的经营工作；也有些国家的社会经济不成熟、不稳定，受各种外来的因素影响较大，经济的大幅波动也使企业频现预料之外的情况，企业的

经营出现严重的亏损；还有些国家在土地权属方面的管理较为混乱，同样一块土地竟然会出现几个“主人”或权属证书的现象，虽然我方企业通过正规渠道和方式获得了土地的权属或使用权，但依然会面临纠纷和干扰，甚至有个别项目的企业资产及员工的人身安全都受到了威胁。上述这些事例都表明企业在进行国外的投资活动时，多数只是凭借在国内经营时的经验来推测预判，或者仅是粗略地了解了当地的情况，就做出了投资决定所致。这都说明我国过去几十年良好的、和平稳定的社会环境已经使我们的企业形成了惯性思维，对其他国家及地区社会经济中的影响因素估计不足，对国际大的社会及经济环境对项目的影响预判不够。

当然，还有一些问题是对不同国家之间的社会文化及习俗的差异了解不够所致。20 世纪有国内的基建企业在国外招用了当地的员工，但是刚开始就发现只要是发了工资，第二天上班时，当地的员工全部都去向不明，几天后这些员工才陆续回来上班。进一步了解后才知道，当地的人在有钱之后就会先去享受快乐的个人生活，等到钱花完后才会再来工作，而这一逻辑在当地人看来是再正常不过的了。他们认为一旦有钱了，谁还会去辛苦工作，没钱了才会来工作挣钱。这就是双方文化习俗里对工作及收入储蓄必要性的认知差距。还有许多我们认为是正常职业素养所必须的要求与当地文化、风俗的习惯上存在着较大的差别，比如在必须守时的基本要求方面，就有很大的差别。在一些国家和地区里，时间只是一个大概的概念，不守时、低效率是被当地风土人情认可的事情；又如在某些国家，各种社会组织、工会的影响力较大，当地员工群体虽然散漫、随意，却擅长于罢工。这些行为在当地的社会中，被认为是商业经营中理所当然的现象，他们认为企业的经营只是资本方的事情，而员工与企业之间也仅是短暂的契约关系，这类观点也符合当地社会的伦理道德和法律规定。这些问题早在经济全球化之前就已经出现了，在当年资本主义经济快速扩张时期，许多跨国公司就已经遇到过类似的问题，因而有人提出了伦理相对论的说法。

从上面这些案例中，我们可以感到特定的文化差异所带来的特殊的伦理问题。当今世界，经济全球化已迫使许多跨国企业在不熟悉的国家开展经营活动，而这些国家在法律、习俗、社会发展水平和文化理解上，都与跨国企业中的管理者所熟悉的自己的国家大不相同，这就给这些企业管理者带来了很大的伦理困境。

例如，美国陶氏化学公司的管理者在墨西哥或其他国家接触的法律，就与他们在美国已习以为常的法律是非常不同的。这就使企业的管理行为对当地员工造成的影响与在本国时不同。

不同的文化会产生出不同的道德标准，这也使得很多人接受了伦理相对论的提法。他们认为没有什么伦理标准是绝对正确的，即所有的伦理标准，其正确性都取决于特定的文化背景。事实上，社会伦理对商业伦理也确实起到了重要的影响作用。在许多方面，不同的社会文化也确实是相差很远，如美国公司在泰国工厂招工时，当地的管理者就只招聘工厂员工的亲戚。这就出现了伦理观念上的冲突，因为在美国的伦理认知中，利用裙带关系招工是错误的。但是在泰国，管理者会认为利用裙带关系招工并没有错，企业应该遵循所在地的道德标准。

伦理相对论者认为由于各地的道德标准存在差异，因此没有绝对的对错之分，那么，作为一个优秀的管理者，就应该遵循“入乡随俗”这句古老谚语。

然而伦理相对论的批评者却指出，虽然每个社会对一些道德标准的看法不尽相同，但对其他标准还是能达成一致的。事实上，如果一个社会想要存续，社会成员想在彼此间进行有效的互动，就必须接受任何社会都应具备的基本的道德标准。此外，人类学家也发现，在不同的社会中有很多价值观和道德规范是通用的。例如，人类社会都接受利益互惠，推崇公平合作，都提倡友好，都同情他人，并要求父母关心子女，限制某些暴力行为等。可以看出，绝大多数的道德标准在不同的人类社会中是相同的。

因此，伦理相对论似乎并不完全正确。但它至少告诉我们不同的社会会有不同的道德信仰，企业在国际经营活动中要充分地考虑到这一点。

二、跨国企业经营活动中的伦理问题

一般来讲，跨国公司具有选择合作方的权力和优势，它可以开出若干的合作要求作为筛选的前提条件，进而影响或约束生产方的行为，承担起产品链道德规范的责任。当然，现实中会有很多的限制要素，如产品成本的限制要求、产地与销地之间的物流成本、关贸影响问题、售后服务等，都会影响实际的选择范围。

专栏 4-12

某运动鞋

生产运动鞋和运动服装的某公司曾处于争论的中心，争论的焦点是该公司对制鞋工厂的工人受到的虐待应该承担起责任。事实上，该公司在美国的西雅图和华盛顿设计好自己的鞋子，然后付钱给发展中国家的其他公司，委托他们根据自己的设计来制造鞋子。出现问题的是这些外国的供应公司。正因为这样，该公司称自己不应对虐待负责，因为造成伤害的是那些供应商而非该公司。而批评者的回应是，虽然该公司确实没有直接造成工人的伤害，但是该公司本可以通过市场地位迫使供应商人道地对待工人来避免那些伤害，而且该公司本身也应该这样做。如果该公司真的有能力阻止那些伤害行为，那么该公司就满足了承担道德责任的首要条件。然而如果该公司真的对阻止伤害是无能为力的，真的无法控制那些供应商的行为，那么就没有满足上述要求的首要条件，也就不应该为工人受到的虐待承担道德责任。

（资料来源：笔者根据多方资料整理而成）

案例启示：

上述案例反映的应该是跨国公司产业链上存在的伦理问题，这是跨国企业与跨国境的供应商、利益相关方之间的责任问题。这种责任与跨国公司到底有多少关联，或者说处在商品供应链顶端的跨国公司到底有着怎样的道德责任，似乎并不那么确定，更多的好像是理论上的责任方。

如果这个案例所说的伦理问题与跨国公司自身问题并不直接相关，那下面的案例将会把跨国公司的伦理责任更为直接地呈现给大家。

专栏 4-13

跨国公司的伦理问题

近期以来，媒体上经常可以看见跨国公司在我国进行商业贿赂的案件，单是涉及美国公司的类似案件就有许多，如沃尔玛案、IBM案、艾利·丹尼森公司案、美国控制组件有限公司案等，还有朗迅案、西门子案、德普案、大魔案……几乎每年都有新的案件发生。为什么所谓具有完善的公司治理制度的跨国公司，会如此频繁地发生贿赂案呢？这些行为又会给社会带来哪些危害呢？

一是商业伦理不敌“潜规则”

有媒体找到了曾经在跨国公司工作过的人进行了解，才知道有这样一种说法，就是这类行为好像是行业内的“潜规则”。

据知情人透露，跨国公司一般并不直接出面进行贿赂，而是通过中间环节来实施。通常是跨国公司间接地要求设在中国的分支机构或者是经销商来邀请客户出国去参加一些国际会议，顺便安排一些参观旅游活动。也有时候迫使经销商给客户回扣，一旦东窗事发，跨国公司可以说这是经销商私底下的所为，与跨国公司无关。

但该知情人也表示，这类行为有时又是无奈之举，因为市场竞争实在太过激烈。她举了医药行业的例子，跨国公司的竞争对手主要是来自国内的品牌。当跨国公司有些产品过了专利保护期之后，由于仿制的低成本优势，就使得国内品牌也有了较强的竞争力，再加上销售中存在有回扣的行为，就给跨国公司带来了市场压力。迫于业绩压力，部分子公司就得按照这些所谓的“潜规则”来做。

对于这类说法，我国商务部研究院的研究员梅新育认为，跨国公司采取贿赂手段的主要原因还是为了在竞争中打败对手以赢得订单，赚取利润。但也有些跨国公司是想通过采取一些不正当竞争的手段来打击市场上存在的竞争对手，从而达到消除潜在竞争对手，最终长期地占领市场，使自己具有垄断市场地位的目的。

利益总是具有吸引力的，法律和道德的约束力是要经过利益来检验的，当利益的诱惑力足够大时，衡量道德分量的天平也许就会偏转。中国市场的需求和潜力是巨大的，正是由于利益驱使，经过必要的“包装”及设计后，众多跨国公司开始积极地融入“潜规则”里面，并有特色地“游动”其间。以西门子公司的某一案例为例，参照美国司法部的一些相关文件我们得知，为了能获得总额高达 8.38 亿美元的高压输变电项目合同，在两年的时间内，西门子公司先后行贿 2500 万美元。

从世界范围来看，跨国贿赂行为更是具有普遍性，无论国家发达与否，这类行为都有出现，只是发展中国家是重灾区。美国政府有关部门的资料显示，21 世纪以来，美国政府所查办的类似案件绝大多数来自发展中国家，其中，西门子公司的贿赂案件主要集中在拉丁美洲的一些发展中国家。

长期从事跨国商业贿赂问题研究的广东技术师范学院管理学院教授张锐对这些现象进行了调查分析，认为之所以出现这种现象，是大多数发展中国家在市场制度建设和管理方面仍有欠缺，因而给这类行为留下了可钻的空子。

二是对本土产业打击尤其严重

当今世界，经济发展并不平衡，大多数发展中国家一方面要解决自身产业升级引发的各种问题，另一方面又要建立并不断完善国内市场管理的制度建设，应该说许多市场环境是幼稚及脆弱的。此时跨国公司的贿赂行为将破坏市场的秩序建设，并使本土产业的成长受到压制，其对市场的垄断地位也会使这些国家的经济受控，应该说这些影响是具有破坏性的。

可以想到的是，跨国公司在经营经验、企业规模、资金、人才和技术等方面，相较于发展中国家的企业而言，是具有绝对优势的。本来这两类企业就不是一个等量级的，是无法平等地开展竞争的。如果跨国公司还要采取不正当的竞争手段，那么这些国家的本土企业将在前者的排挤下，逐步地丧失掉原有的市场份额。

例如，CT类的医疗设备目前主要被通用公司、西门子公司和菲利普公司等跨国公司所掌控。据知情人士透露，在这些行业的营销活动里，相当于占利润20%的费用是用于“潜规则”的。

从竞争经济所产生的影响来看，公平、透明的市场环境会引导企业从产品自身的质量、价格、技术及销售服务等方面下功夫，它有利于产业进步和市场服务水平的提高，最终会使消费者和社会受益，同时也能促进企业经营管理水平的提升及行业的升级发展。但如果处于行业技术顶端的跨国公司也把贿赂奉为商业活动的规定动作，就将败坏市场风气，引发更多的不正当行为，最终也会祸及市场。这是自掘坟墓的短视行为，也是对伦理价值的践踏。

一个市场如果需要通过贿赂、回扣等“潜规则”才能维持，这样的市场就属于社会的“毒瘤”，就需要被铲除。否则其扭曲的价值观将损害正常的社会认知，会起到很坏的示范效应。商业活动里的价值观对社会的影响是非常大的，所谓经济基础决定上层建筑。跨国公司更不应该传播跨国“病毒”，这是大型企业应有的社会责任。

中国制造确实已是响彻四海的品牌，我国也已经基本完成了现代工业的基础建设，并形成了当今世界门类最齐的工业体系。但是，我们仍需要加大创新力度，这就需要有一个健康积极的市场环境作为引导。

跨国公司在我国商业竞争中的贿赂行为，必将使市场环境受到影响，商业价值观会被扭曲，市场“出奇”与“讨巧”的“捷径”效应将阻碍技术创新的动力，最终会威胁到国家创新战略的实现。

看看发达国家的市场治理，就会明白对市场中的贿赂行为必须要坚决地给予严厉的打击（美国和德国都出台了严厉的相关法律、法规）。否则，商业伦理和市场效率也都无从谈起，最终会毁了社会的经济秩序，国家也将在混乱中走向衰败。

三是整治跨国贿赂的难点

为惩治商业贿赂，我国也出台了许多法律与措施，但依然不断地出现跨国贿赂案件，到底是哪个环节没有做好，又应该如何来解决呢？

首先从定罪这一点来看，针对这一类型的贿赂行为的判定中有界定难的问题。现实中的贿赂方式花样繁多，具体的贿赂行为也更为隐蔽，有必要进一步完善法律内容。

其次在贿赂的组织实施上，跨国公司对将要实施的贿赂组织是经过精心设计的，在它的前端是有“中间人”角色的独立法人机构，而这些“白手套”前面可能还存在着介绍人之类的“灰手套”，由于是通过中间环节来进行的，造成案件的调查难度就是可想而知了。而且这类的交易过程都以私下的方式发生，具有相当的灵活性。另外，这些中间环节也有较强的反审计能力，而且跨国审计同样不易。退一步来讲，就算是东窗事发，跨国公司也可将所有责任一推了之，那些所谓的公关公司会起到“防火墙”的作用。

还有专家介绍，跨国贿赂与国内的其他商业贿赂有所不同，针对国内商业贿赂的调查取证难度要远小于国际贿赂的难度。这一方面是因为后者会涉及对方国家是否愿意配合的问题，而且还有配合到什么程度的问题，毕竟跨国公司在当地是有影响力的；另一方面是因为这类调查工作所需的时间和费用成本都是很高的，而且我方并无在对方国家的执法权，也加大了调查的难度。从统计数据中也能看出，目前我国约有六成以上的商业贿赂都涉及了国际商贸。

张锐认为，目前我国现行法律中涉及这部分的内容仍然较为零散，面对如此复杂的跨国贿赂，就必须要有一部严密的专门法来作为法律依据，这是当前法制建设上的“短板”，如不把这块“短板”补上，相关工作是很难深入进行下去的。

最后，从法律的执行层面来看，存在是否认真执法的问题。我们目前的关注点更多是聚焦在对受贿方的查处，对行贿方的惩罚力度显然是偏弱的。

为在华跨国公司提供过服务的知情人曾表示，对于跨国公司行贿这类行为的打击只有靠严肃法律，只有让犯法的风险和成本足够大，才能对这些行为形成震慑。可以看出，与商业贿赂的斗争是一个长期存在的社会问题，因为金钱的诱惑将是始终存在的。

（资料来源：笔者根据多方资料整理而成）

案例启示：

从这类案例我们可以看出，跨国公司因为具有资本、技术、品牌、网络等多方的优势，再加上跨境的地域及国家管理权分割的条件，一旦出现商业腐败行为，其风险及责任后果是较低的。这就难免会诱发不道德竞争的选择冲动，而跨国公司所具有的商业影响力，会将扭曲的价值观传播四海，起到非常负面的商业示范作用。

三、跨国企业的伦理努力

跨国公司因为较早地进入国际经济交流的活动中，对国际经济中存在的问题也感受得最早、最多。跨国公司认识到对国际市场的维护、对国际供应链的保障等方面都直接关乎自身的利益。维护全球经济的共同利益，也就间接地维护了跨国公司的利益。这决定着它对建设好国际秩序的内在需求。

现今，全球化的经济加速给跨国公司带来了更多的机会和挑战，而科技的进步促使世界经济合作的需求也更加急迫。人类命运共同体在日趋显现，跨国公司对全球范围内经济活动的依赖性在增强，已成为法人层面的“世界公民”。所以，如何建立起新的世界经济秩序，既事关跨国公司的自身利益，也是跨国公司的应有责任。

《考克斯圆桌商业原则》也因此于 1994 年面世了，它突破旧的企业伦理观，反对企业只将利润作为唯一的追求目标，强调要兼顾企业、个人、社会利益的新的商业伦理观。它体现着一种均衡、协调的发展观，同其他国际准则的最大不同之处就在于这是一部由各大跨国公司的 CEO 自觉自主协商颁布的国际性行业原则。因为这些商业精英已开始意识到商业活动能够引起社会生活及世界经济条件的极大变化，也能够极大地影响全人类对全球化的恐惧或信心程度。在这种背景下，重新制定涵盖全球经济的，并被广泛接受的通用法律和市场规则是非常有必要的。该组织期望各成员在对自身行为负责的基础上，相互加深理解、加强彼此合作，通过商业交往促进国家之间的关系改善及所有人的繁荣和福利。这是现代跨国公司对促进全球商业良性发展、形成正确的商业伦理观的主观努力。

章末案例

烧钱的咖啡

2017年10月，A咖啡公司成立，公司由大股东投资控股，负责掌控全局和初期的资金。二股东出任CEO，另外两个股东则是风险投资公司，负责公司资本层面的运作。由股东的构成可以看出，该公司的股东是长于资本运作的。A咖啡公司创立之后，便采取了价格战和市场扩张的模式，用钱来砸死市场中的竞争对手，从而获取市场份额。要实施这套经营思路，公司就需要有充足的资金。

2018年7月，该公司正式启动了A轮融资，并实现了2亿美元的融资，企业估值达到了10亿美元。2018年12月，该公司又启动了B轮融资，实现了2亿美元的融资，企业估值也一下子达到了22.22亿美元。2019年4月，A咖啡再次开始了B+轮融资，融资额1.5亿美元，企业估值高达30亿美元。

充足的资金到位后，该公司便开始了迅速的扩张，公司直营门店的数量也快速地达到了4507家，一夜之间成了中国最大的咖啡连锁品牌。而星巴克在中国用了20年的时间才开了4300家门店，该公司用了不到3年的时间规模就已超过了星巴克。

在该公司的B+轮融资中，星巴克的投资方也几乎都投资了，说明大家非常看好A咖啡的发展。如果最懂咖啡的投资人都看好，那么美国的其他投资方会不会买账呢？答案是肯定的。

该公司于2019年5月在美国纳斯达克上市，上市后的市值达到了42亿美元。然而公司是在赔钱扩张，上市时财报如何解决的不得而知，但上市之后，A咖啡一直在释放各种利好消息，比如要上架北京的无人售货机，要进军奶茶领域，推出新产品，股价最高时竟达到了100亿美元。

通常公司上市后，股东会有两种套现方式：第一种是通过抛售股票，而新股票上市是有禁售期的，一般是3～6个月；第二种是股权的质押，就是把自己的股票质押给当铺，当铺再给股东现金，等到抵押日期到了就得赎回股票，要支付利息，不赎回的话当铺就有权卖出股票。据说这些股东在2019年就把自己的股权质押套现，总共套现大概是25亿美元，至于现在是否赎回就不得而知了。等到股票解禁之后，A咖啡公司就抛售股票套现了15亿美元，而且手中还保留了一部分的股票。从整个商业模式上来看，整个资本运作是非常完美的。

然而意外却出现了，B公司来搅局了。有人给B公司寄去了一份报告，告知A咖啡存在数据造假，真实情况是一直在亏损。另外，该公司经常发送一折券，不亏损是不可能的，这就有了做空股价的机会。于是，B公司雇用了大量的实习生去A咖啡的门店蹲点，偷拍下咖啡订单编号、数进店人流量，拿到了大量的一手经营数据，开始发布对A咖啡的调查报告，为后期事发埋下了伏笔。

由于A咖啡公司确实存在着大量的亏损，再加上被B公司曝光，公司年报就做不出来了。美国股市规定，一旦上市公司年报申报出了问题，不能按时递交所需的年报是要退市的，这对A咖啡公司来说就是几十亿美元的损失。而如果是财务造假的话，公司最高赔款达到2500万美元，外加10～25年刑事处罚的可能。

这种情况应该如何选择？当然是选择承认财务造假了，2500万美元是赔得起的，而且主动揭露这个财务造假的问题，10～25年的刑事处罚还很有可能避免。这就是该公司后来自曝财务造假的原因。如果说整个事件谁是受害者，应该包括股票的质押方、没有抛售股票的投资人、持有A咖啡公司股票的美国股民及中概股的国内股民。另外，如果A咖啡公司倒闭了，受害者还要加上该公司门店的工作人员及供货商等。

公司亏损了就一定要倒闭吗？倒也不是。京东和亚马逊也是常年不盈利，但还是有那么多大的投资机构赶着去送钱，原因就在于他们的市场份额是实打实的，后期就能转化成利润，所以资本愿意去为这个前景买单。但是A咖啡公司的亏损却完全不同，中国的咖啡市场还是太小了，通过烧钱请消费者喝咖啡使消费者养成喝咖啡习惯的效果还很有限。A咖啡公司前期能获得众多美国资本的青睐，也是它的故事讲到美国人心里去了。在美国人的心中，咖啡就是日用品，他们愿意烧钱去补贴可能被唤醒的中国市场，再加上该公司把用户数据做得非常好看，这个故事就能编得下去，仅此而已。企业经营的重点还是市场份额和增长率，它们可以表明企业产品的市场价值和市场潜力。市场份额大，增长率高，企业未来也就会有利润的潜力，这是有着客观发展规律的。

A咖啡公司的商业模式是不是有问题？关于这个问题是仁者见仁，智者见智。想要培养中国人喝咖啡的习惯，开始不烧钱是不行的，步子也可以适当大一些，但是不能过度，切实地将实际的市场份额做上去才是正道。如果想通过投机性的激励，在短期内将市场的份额和增长率做上去，虽然应该对资本操作有利，但对于企业的经营来说这无异于饮鸩止渴。

（资料来源：笔者根据多方资料整理而成）

案例启示：

对于资本，取得利润是不可能被动摇的目标，然而盈利并没有成为A咖啡公司拼命拓展的结果。企业经营不能靠所谓“烧钱做市场—企业上市—股东套现”的模式经营，那仅是套钱的模式。盲目地扩张规模，但运营管理、营销能力不能跟上，企业靠自身经营实现扭亏为盈的路不通，企业不出问题是不可能的。另外，单靠打折促销也难以培养消费者的忠诚度，它仅会刺激人的贪欲，而不赚钱的商业模式是难以为继的。

本章小结

一家企业内部问题多多，管理和经营上仅以利益为指南，采取损人利己的经营手段却能在市场上长期生存是决不可能的。无论采用了多少管理技巧，或是经营讨巧的模式，如果违背伦理道德，那必将会受到处罚。商业伦理是一切企业及商业从业者的安身立命之要，漠视或践踏就会自食其果。想靠“聪明”“技术处理”“营商技巧”“命硬”来规避道德的惩罚，无异于掩耳盗铃，因为道德伦理是无法逾越的硬道理。

05

第五章

商业伦理的启示与思考

道德常常能够填补人们智慧的缺陷，而智慧却不能同样填补道德的缺陷。

意大利著名诗人——但丁

本章综述

在人们的经商活动中，赚钱是追求的目标。因为赚钱之后，人们可以用钱来满足个人的各种需求，说明钱是满足需求的必要工具。那这些需求是否就是人生的意义、人生的意义到底是什么、商业伦理在此间扮演着怎样的角色、企业的存在究竟意味着什么、未来的变化中商业伦理还会起作用吗、商人的人生价值是否仅是为满足个人需求的赚钱“机器”？围绕着这些问题，本章展开了探讨和思考。

笔者以为人的“三观”将会主导企业存在的意义，企业决不是一台“一次性”的赚快钱的“组装机器”，企业的意义在于其对社会的良性价值，而不是一面赚钱一面做伤害社会利益的“吞金野兽”。企业应该是社会文明的建设者，应该是商业社会良性发展的重要责任方，一切的商业努力都应该是建设人类共同的幸福家园。未来的商业发展也必须走在道德的轨道上。商人的终极价值还是在于其对人类文明进步的贡献。此外，隐藏在商业逻辑深处的是商业的利他性而非利己的动机，商业伦理的价值观是提倡共生的，人们商业活动本身就有赖于利益相关方之间的共存、共生。

第一节　企业存在的伦理意义

弗里德里希·威廉·尼采是德国哲学家、语言学家、作曲家、思想家、文化评论家、诗人，著作主要有《权利意志》《悲剧的诞生》《希腊悲剧时代的哲学》《不合时宜的考察》《查拉图斯特拉如是说》等。

尼采主要对古希腊语、拉丁文文献进行研究，著作涉及宗教、道德、哲学、现代文化、科学等领域，写作中经常使用语言和悖论的技巧，风格特异，如在《论道德的谱系》一书中，他反对柏拉图提出的“善理念论”。柏拉图认为善是理念的最高形式，是宇宙的目的，而尼采认为善应该是强者的代名词。同时，他对经验主义道德谱系学说关于“利他”是道德起源的观点也进行了批判。尼采的哲学思想对后来哲学发展具有很大的影响力，特别是对存在主义和后现代主义这两个方面的影响更为显著。

尼采认为人从出生开始时就是不平等的，人类是由具有高尚情怀和高智商的高等级的贵族阶层，以及具有卑贱奴性、无能的平民阶层构成的，与两者相对应的就是“主人道德”及“奴隶道德”。他还对现代理性主义进行了无情的批判，提出理性就是将历史僵化，它扼杀了世界万物生死变化的过程。世界是充满偶然的、动荡不安的、多变的自然领域，人的感官证据是真实的、可信的。人类之所以敬畏理性是希望它能给人类带来幸福与自由，而不是要和人的本能为敌，给人类赋予理性的难过和痛苦。关于人生的目的，尼采有过经典的论述：“人生是没有目的的，只有过程，所谓的终极目的是虚无的。”他认为在物质财富日趋丰富的社会中，之所以现代文化显得颓废不振，其病源就是生命本能的萎缩，他呼吁要恢复人类生命的本能，提出了世界的本体就是生命意志的新解释。

在中国，两千多年前的老子也有过相似的人生表述，在《道德经》中就有“天地不仁，以万物为刍狗”的说法。老子表达了天地看待万物是一样的观点，人与人、人与其他动物，甚至人与其他物体在自然眼里是一样的物质而已，不存在对哪一物种特别加以关照，人并不具有领导万物的特权。这是非常接近现代科学认知的。

尼采的潜台词是反对这样一种观点：人是上帝为了某一目的而制造出来的。他认为人生的目的是要由人类自己来设定的，人是自身生命目标的主宰者。

人之所以异于其他物种，最重要的是人类有找寻人生意义的思维。人在看待及思考世界万物时，总想知道事物存在的价值和意义，这是一种高级的精神需求。作为人们维持生存的手段，企业是以人与人之间的商业交易来实现盈利目的的，它的价值自然会涉及伦理问题和道德价值。

这里我们讨论尼采的思想，就是借尼采的人生观来思索人生的目的，进而探寻企业存在的终极意义。由于企业的价值和意义是围绕并服务于人的目标的。人活着的价值是什么就与企业存在的意义是什么密切相关。

由于主导人类开展商业活动的起因是人的生存需求，在直接的因果关系上，人的商业活动也只是围绕着赚钱这一目的而发生的。许多服务于短期盈利目的的公司在完成盈利周期之后，也随之关闭了，但我们在这里所要讨论的是追求持续生存并长期发展的企业（如许多老字号的商家）。这类企业能够长期存在，就说明它们的存在不仅仅是因为赚到了钱，更在于社会对它们善待他人的行为方式、为人公允的处世风格的认可。从人的更高需求来看，要想说明人之所以有生存的理由，就应该证明人类的生存对自身和自然界是拥有价值的。人类总是在寻找自身存在的价值，只有这样人生才不会感到空虚，人的精神世界才会有所寄托，人也才会积极向上，人类社会的发展也就具有了意义和目标，最终人类创造出来的企业才具有除赚钱工具之外的道德意义。

从生物进化论的角度来看，人类的生命是地球生命群体遵循自然演绎及进化规律使然，或许它本身并无什么特别的意义。然而，今天人类之所以成了地表生物的主宰者，就是因为我们和其他物种有着巨大的不同。一方面，我们具有远超其他物种的智慧，这让人类学会了运用和制造工具，并且能不断地发现和认知自然规律，从而利用科学知识建设出人类的地球家园；另一方面，我们更具有与其他物种不同的情感需求和道德伦理观。伦理的力量属于人类的精神力量，精神力量也是人类其他力量的“总管”，人类其他一切能力都要服从及服务于人的精神需求（因为人的生理需求满足后的愉悦感，就属精神上的愉悦）。如果仅从“弱肉强食”的竞争结果来看待人类，那是动物化的思维，是低级的思维逻辑。

孔子曰：“名不正，则言不顺；言不正，则事不成。”古今中外，人们在做许多事业之前，都要强调所做之事的合理性、正义性，以吸引更多的人愿意追随，并获得更广泛的社会支持。

京瓷公司创立时便建立了“应在追求全体员工物质与精神两方面幸福的同时，为人类和社会的进步与发展做出贡献”的经营理念，使该公司具有了道德伦理的企业目标和精神。

前面章节也介绍了美国默克公司的伦理选择，它也使默克公司在日本、非洲等地获得了在道德上的认可，从而产生了长期的品牌竞争力。

华为公司也是以企业文化为先导来经营的，公司总裁任正非认为世界上任何资源都是会枯竭的，唯有文化生生不息。有些不景气的企业不仅是因为机制、管理、资金等方面的问题，最关键还是企业文化出了问题。令人遗憾的是，到目前为止，还有许多企业是没有自己的企业文化的，许多企业管理者并没有感到企业文化会有实际价值。事实上，优秀的企业文化会让企业产生积极向上的干劲，会带来团结协作的拼搏精神，这更是企业具有内在伦理力量这一“软实力”的彰显。

现在一些企业一直以来仅追求单一的利润，经营者是有利则干、无利则弃，推崇实用主义。企业文化更像是一种文字装饰品、口号，公司文化建设也像是由廉价材料快速组装起来的“一次性用品”。当经济出现问题时，公司一旦无法盈利、出现困难，以利聚人的组织就会离散瓦解。

专栏 5-1

福耀集团的温度

福耀集团是著名企业家曹德旺创办的生产汽车专用玻璃的企业。福耀集团创建于 1987 年 5 月 29 日，经过几十年的奋斗，目前已成为全球最大的汽车玻璃生产商。企业在创建之初，曹德旺就有将企业建设成一个有温度的大家庭的想法。

在投资建厂之时，曹德旺就坚持从总投资 625 万元中挪出 80 万元建设了员工宿舍和饭堂，他认为一家拥有自己的员工宿舍及饭堂的企业，会让员工有归属感、安全感，也是经营者关爱自己员工的体现。这在当初那个人们为了温饱而四处奔波的年代里，给人的感触尤其深刻。在这样的“单位”里工作会有异地有家的感觉，员工就会踏实认真地工作。每年过年前，公司还会组织“尾牙宴”，招呼员工一起吃个团圆饭，一方面是对员工一年来辛苦工作的答谢，另一方面也是促进员工之间的交流。在首次尾牙宴上，曹德旺带头上台唱歌，并鼓励大家上台表演，场面非常热烈，取得了很好的效果。时至今日，这类企业文化活动早已是稀松平常的事了，但在当初，曹德旺就已将自己的企业按照一个有温度的大家庭来打造。

现在福耀集团“尾牙宴”的传统一直在保持着，并已成为企业文化中不可或缺的组成部分。曹德旺对它的评价是团聚、喜庆与祥和的代表，它带给企业凝聚力和向心力，是建立在一种精神及希望基础之上的动力。曹德旺一直强调企业要以人为本，人是企业一切工作及活动中最重要的因素。

福耀集团的管理文化就是“以仁义为本”，这里还有一个真实事例。

2007 年 5 月，曹德旺接到了北京分公司负责人的电话，报告有一位在公司实习的应届毕业生，被查出患有白血病，因他来自河北省农村的贫困地区，家庭条件极度贫困，根本无法承受十几万元的治疗费。因为他还只是在公司实习，所以请示公司是否可以给予一些帮助。曹德旺表示当年父亲曾教育自己做生意要乐于助人，那怕是对待和自己无关的人，如果他倒在了自家的店门口，都要给人灌口水，何况这个年轻人还在公司实习呢，费用就由公司全部承担吧。到最后费用总计 70 多万元，当接到报告时，曹德旺表示人都送到医院了，那还有什么可说的，公司全付。当这位实习生的母亲听到了公司的决定时激动得立即下跪，这让北京分公司的领导感到了震撼。就连医院的医生也被福耀集团的善行深深打动，主治医生不禁感慨道：这位实习生得了这种疾病是不幸的，但能找到血型配对的姐姐又是幸运的，关键是遇到福耀集团这样的企业才是更加幸运的，这家企业有一位好老板。

社会上的人不幸得了重病的事情是很多的，但像福耀集团这样为了一个实习生而不顾一切地承担如此高的医疗费用的企业就不多了。除了承受能力之外，这里面更多的是善良的人性光芒。企业文化是什么？企业文化绝不是靠宣传作秀就能建立的，真诚的善行才是一种无言的力量。

过了一年多，一位又瘦又高的年轻人出现在了福耀集团北京分公司，他就是病愈后的那位实习生。他的到来让公司的员工们都非常兴奋，这是一种善良温暖的传递，是一种人性的暖流，它给企业的每一个员工都带来了大家同处一个大家庭的安全、祥和的暖意，每一个员工都能从中读出福耀集团和自己的关系，读懂了其中的利益相连，更读到了伦理道德的温暖。这是一节企业管理里商业伦理的“解剖课”，它向人们展示出企业管理高处，隐藏在企业家精神里的道德分量。事后，曹德旺也表示经过此事，他本人对伦理道德的行为也有了更多的感悟。

笔者记得看过一段记者采访曹德旺的视频，在采访中记者问他与另一些老板的区别，曹德旺的回答是：他们是老板，我是企业家。听到他的回答后，立即让人对企业家的称谓肃然起敬。一切拥有企业所有权的人都能被称为老板，但企业家指的是具有企业家精神的人，他们是由具有社会责任感、使命感的商人构成的。在他们的人生追求里，金钱并不是最终的目标，更不是唯一的目标，他们有着自己的精神追求，而不会做一个自私的守财奴。在创造大量社会物质财富的同时，他们更愿意做一些对社会有益的事，如资助社会的文化教育、科技事业。诺贝尔捐资成立了享誉世界的诺贝尔奖，钢铁大王卡内基对自身财富的捐献等，从中我们都能感受到企业家的宽广情怀和社会责任感。

（资料来源：笔者根据曹德旺的《心若菩提》整理而成）

案例启示：

福耀集团之所以能够发展成为享誉世界的成功企业，并不仅仅是因为机遇，也不完全是靠经营技巧，更多的是企业家本人人格力量的成功。无规矩不成方圆，企业的经营管理当然要依靠制度的管理和约束，它也可以把企业打造成井井有条的刚性群体。如果企业还具有了人性的关怀，企业的文化将会是有温度的生命体，那么这个企业就有了生动的灵魂和思想，企业也会变为一个有精神情感和体温的生命体，这个集体就具有了吸引力和凝聚力。

通过本案例可以看出，一家企业的成长过程也是它商业基因的成长过程，许多企业在创业时走的是机遇导向型道路，所谓"有啥吃啥，不挑食"，但容易忽视真正的商业逻辑，因为赚到钱了，其他也就无所谓了。往往是企业成长起来出现问题之后，再来见招拆招地修补不足，这就容易在企业内部形成混乱的管理逻辑，对企业未来的发展是不利的。

在企业经营中，顺境时顺着做就可以了，这时还不会感到商道的作用，一旦遇到大的困难或逆境，往往会感到吃力和彷徨，因为过去熟悉的方法和套路开始不灵了，市场未来又变化莫测，再加上新的领域和机会又陌生，难免会有不知从何入手的困惑，这就是术之力已尽，而道之理未生的原因。无论是何种行业，其核心的商业逻辑应该是相同的，只不过我们要搞清楚自己现在明白了其中的哪些部分。商道在任何时候都是通用的商业逻辑，它通的是人性，通的是因果律，通的是商业的必然性，它是金钱会向你流的道理。所以，要用心去揣摩、领悟商道。

综上所述，企业存在的价值就是它能为个人、集体直至人类社会的文明进步做出阳光的贡献，因为人类的文明包括了物质文明与精神文明，这也是商业伦理所追求的。只有具有了伦理价值的企业，它的存在才具有道德上的正义性，这种价值在内部会体现为企业文化的内生凝聚力，对外部会反映在企业的社会形象、品牌、口碑等方面，它是企业无形资产的价值内核，也是企业的核心竞争力。所以，商业伦理的力量是无处不在的。

那么，究竟什么才是从商的“经营秘笈”，商业伦理在其中又会起到什么作用，社会对企业的伦理行为会做何反映，这里面有何逻辑关系？这就要回到现实生活中的商业实践中去看了。

第二节　商业伦理的社会力量

南宋诗人陆游在《冬夜读书示子聿》中有“古人学问无遗力，少壮工夫老始成。纸上得来终觉浅，绝知此事要躬行”的诗句。我们讨论商业伦理，并不是一味地鼓吹一种脱离实际的口号，而是鼓励知行合一的伦理实践和能够“游动”于商业活动中的伦理力量。

菜市场是每一个城市及社区的必须，它是如此重要的一个存在，又是如此不起眼的一个存在。这里每天都在上演着市民商业博弈的人生百态。有人说菜市场是城市生活智慧的发源地，笔者认为菜市场更是一片社会商业伦理的底色，小商贩们想尽各种办法来增加收入，甚至会以短斤少两、掺水、以次充好等多种手段来牟利。菜市场的事看起来都是小事，然而小乾坤孕育着大道理。小商小贩的具体表现映射了一个时期一个社会的文明程度，这说明任何商业伦理都是社会伦理在商业上的反映。

聊到这儿，难免让人感到不安，看起来现实生活里不道德的商业行为到处都有，伦理经商的例子似乎总是少数，那么人们为什么能容忍如此多发的负面行为呢？其实绝大多数不道德的商业行为都是偷偷摸摸、暗地里进行的，常常以让人难以察觉的方式发生，一般其程度也是轻微的，如买一斤水果少了一两左右，一把青菜中将小、破、散的扎在里面等。在其他众多的商业交易中也存在着一些小动作，其实社会对存在的“小恶”、轻微错是有一定容忍度的。

然而，在菜市场中我们更多的是见到商贩们和街坊熟客之间的良性互动：这边是买把菜时送点葱、过称后再多加一点，那边是零钱不用找了。当年“傻子瓜子”年广久就是以“再送一把”而闻名。一个具有商业伦理的个人或企业的善行对社会的影响力是巨大的，社会也会用自己的力量来反馈给企业。

专栏 5-2

鸿星尔克的灾情善举

2021 年 7 月，河南郑州市由于数日连降暴雨，造成了非常严重的水灾。国货品牌鸿星尔克在灾情一片惨重之时，第一时间为郑州捐赠了 5000 万元的物资，此举让鸿星尔克一夜之间红遍了全国。

2020年鸿星尔克的净利润是–2.2亿元，这家民营企业时刻面临着破产倒闭的风险。面临着如此大的压力，鸿星尔克还是大手笔地向郑州灾区捐助了5000万元。鸿星尔克的爱心和善心及社会价值观是令人感慨的，它感动了无数网友。为了表达对鸿星尔克的支持和赞赏，大量的网友自发进行抢购。

面对网友热情的抢购，鸿星尔克的老板吴荣照劝大家“一定要理性消费”，对此网友却不买账：“别跟我废话，让你们老板少管闲事。”还有位网友赶到直播间已经晚了，没有产品可供消费了，就在直播间给主播大量地刷礼物，结果被主播直接踢出了直播间。

鸿星尔克的善行也是一个企业将社会责任主动赋予自我的典型例子。社会对鸿星尔克发自内心的善意、善心，也给予了更加良性的回馈。许多网友说，像鸿星尔克这样的爱国企业值得我们支持，因为善心是永远都不会过时的。也有网友说，追逐利润固然是资本的本性，可是如果将世间一切都用利益来衡量，那这个社会还有什么道德伦理价值，还值得讲什么良心和善心呢？

在整个企业捐款过程中，鸿星尔克没有做任何商业营销方面的宣传。有人劝吴荣照买个热搜榜，却被他婉拒了，他说：“面对灾难我能做到的很有限，尽自己的力量就好。把宣传资源留给那些更需要被关注的灾区。”

在自己已经捉襟见肘、面临破产的巨大风险时，鸿星尔克仍能为社会贡献自己最大的力量，这种善行怎么会不让社会感动呢？正如社会大众发出的感慨那样：像鸿星尔克这样的企业，怎么会舍得让它倒闭呢？

（资料来源：笔者根据多方资料整理而成）

案例启示：

上述案例说明，企业的良知和善行，一旦被社会大众知晓，就会得到更多的良性反馈。在《论语·里仁》中“德不孤，必有邻”所说的就是这个道理。现在企业都在大谈营销理念和方式，其实鸿星尔克的案例告诉我们，善待社会、善待顾客、善待员工、付出良心就是最实在的营销理念。

第三节　商业伦理的未来

影响商业伦理未来状态的因素很多，但其中最重要的因素始终是人，未来人的文明程度将直接影响伦理道德的地位与运用，这个程度的高低又是和我们当代人的认知和行为有关的。可喜的是，在当今世界的任何地方，人们对下一代的教育都是以文明包容、与人为善为主要的文明理念来加以传承的，社会活动中也不乏道德文明群体的行为，如在都市的社区里，邻里关系也在逐步地升温。

在面临新冠肺炎疫情考验的特殊时期，在党中央的领导下，我们这个社会经受住了考验，全国人民团结一心，取得了举世瞩目的成果。在此期间，我们能看到许多感人的场面和事迹，看到许多志愿者在无私地、默默地奉献。我们的下一代也在这充满正能量的环境中，接受着伦理道德的熏陶，在与他们的交流中就能感到这种道德的影响，他们更懂得去理解及关心他人了。从中，我们看到了现实里具有温度的文明传承。这就是道德的文明基因，它必将对未来人类文明的走势产生积极的作用。

一、人类文明程度的进步

社会大众对美好生活的向往与追寻，始终是社会发展的方向，美好生活并不单单是指对物质方面的追求。

美国著名社会心理学家亚伯拉罕·马斯洛认为，如果将人作为一个有机体来看，就会发现人类具备很多的动机和需要，并且可以将这些需求分成五个层次，包括生理需求、安全需求、情感归属需求、尊重需求和自我实现需求，如表 5-1 所示。更高层次的需求是建立在人类对低层次的需求被满足后才会实现的，最高层次的自我实现需求是逾越现实的，是个人寻求完美人格的目标，是人类自身最高的欲望追寻。

表 5-1 马斯洛需求理论

层次	需求	理论内容
第一层次	生理需求	水、空气、食物、睡眠等
第二层次	安全需求	人身安全、财产安全、家庭安全等
第三层次	情感归属需求	友情、爱情等
第四层次	尊重需求	自我尊重、信心、成就、尊重和被尊重等
第五层次	自我实现需求	道德、公正度、创造力、接受现实能力等

在这五种需求中，后三种需求是属于精神层面的，也就是说物质需求被满足后，人类的需求会转向精神层面的需求。在未来商业活动中，人们会更加在意道德情感方面的感受。在生活中，精神上“真、善、美”的分量将会与日俱增，社会整体的文明素质会不断地提高。例如，在今天的城市生活中，年轻人过马路等红灯的意识、自觉排队的意识明显提高。一方面是文化教育的结果，另一方面是物质条件改善后人的潜意识使然。我们

也可以观察到，当人们在五星级酒店里活动时，会下意识地注意自己的言谈举止，而在脏乱差的环境里，就会放松多了。随着社会文明的不断进步，对商业活动中的伦理标准也会提出更高的要求，人们对轻微的不道德行为的容忍度也会降低。

经历过物质匮乏时期的人，多数会在物质方面缺少安全感，对未来也具有较强的危机意识，对占有尽可能多的物质也具有内在的冲动，在商业活动中就容易产生一切为了钱的心态。几千年前，《管子·牧民》中就有“仓廪实而知礼节，衣食足而知荣辱”的说法。当年孟子见齐宣王时说：“是故明君制民之产，必使仰足以事父母，俯足以畜妻子，乐岁终身饱，凶年免于死亡。然后驱而之善，故民之从之也轻。今也制民之产，仰不足以事父母，俯不足以畜妻子，乐岁终身苦，凶年不免于死亡。此惟救死而恐不赡，奚暇治礼义哉？”这都是在谈人的生存状态对人的精神文明程度的影响。

随着社会富裕程度不断提高，人们在解决了基本生存需求之后，为了让自己的生活环境能够满足自身的精神追求，都希望社会环境变得更加友善，因此，每个个体就必须要提升自己的文明修养，同时社会文明的进步也将强化人们的道德意识，商业活动中违反伦理道德的行为将越来越少，商业活动文明程度的提高可以预期。

商业伦理的主导要素始终是人，人因是商业伦理的决定元素。只要人的道德伦理提升了，商业伦理的进步就是自然的了。

从重庆市 2020 年度优秀企业家的获奖名单来看，获奖的 40 名企业家明显具有年轻化、知识化的特点，其中半数以上拥有硕士研究生学历，具有高级技术职称的有 22 人，最年轻的只有 33 岁。

再来看看2021年中国十大杰出青年的事迹，从中可以看出，当代优秀青年都是具有良好的文化素养、充满事业心和责任感的人。他们认真钻研各自的专业知识，严于律己、努力工作、爱国敬业、勇挑重担，从他们的为人中更能体现出良好的道德情操。他们是全国几亿青年人杰出的代表。还有以黄文秀为代表的一大批优秀的驻村干部，以及众多为脱贫工作做出了重要贡献的当代青年，许许多多奋战在新冠肺炎疫情一线的青年志愿者，从他们身上可以看到民族的未来和希望。

总之，长江后浪推前浪，江山代有人才出，人类文明进步的脚步是不会停息下来的。商业经济的发展会随着文明的进步而前行，商业伦理也必将朝着更加文明的方向迈进。

二、大数据的伦理

大数据确实具有较大张力，给我们的思维方式和生活带来了革命性的变革，让我们可以轻松地发现新知识、创造新价值、掌握新能力，但也要正确地应用大数据，认真应对因为大数据技术给我们带来的一些伦理问题，更好地趋利避害。大数据技术带来的伦理问题如图5-1所示。

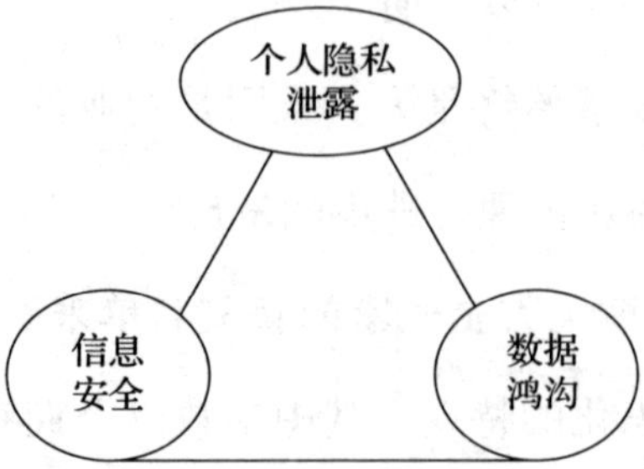

图 5-1　大技术带来的伦理问题

一是个人隐私泄露。现今社会，人们每时每刻都出现在智能设备的面前，产生的数据被网络平台记录。身份、行为、位置，以及个人的信仰、情感、关系等隐私性信息也随时被记录保存或呈现，个人的隐私被泄露无遗，隐私权无从谈起。

二是信息安全。一些信息技术存在安全漏洞，导致数据被泄露、被伪造等，从而影响信息的安全，每个人在网络平台上被记录的数据和信息，在多数情况下就不再有安全可言。从这些问题中，便引伸出信息安全的伦理问题，如个人数据的权利被侵犯、产品社会责任缺失以及发生高科技犯罪活动等。

三是数据鸿沟。数据鸿沟是指一部分人可以占有或利用大量的数据资源，而另一部分人则难以占有或利用数据资源，由此造成的一种不平衡现象。由于掌握信息的不对等，利用信息产生出来的利益分配必然难以公平，这会使不同群体之间的差异加剧，并引发社会矛盾。

当前学术界认为，消除因大数据异化而引起的伦理风险，应遵循的伦理原则有三个：坚持无害性原则，大数据技术的应用和发展要服务于社会的健康发展和生活质量的提高；权责统一原则，采用“谁收集谁负责，谁使用谁负责”的责任到家方式；尊重自主原则，数据产生者对数据的删除、使用等拥有相应的权利，如图 5-2 所示。

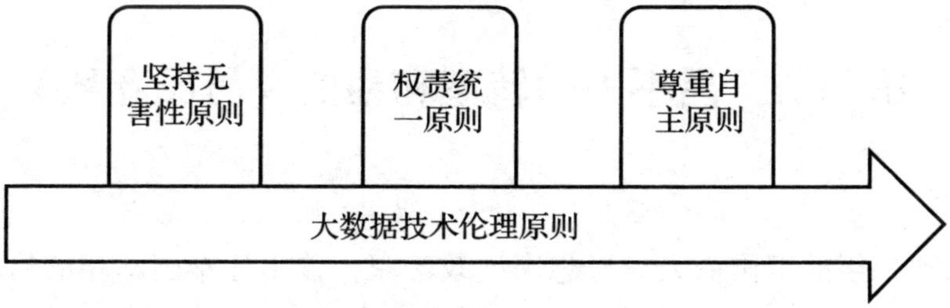

图 5-2　大数据技术伦理原则

加强技术的创新和控制。最能有效解决大数据技术中产生的伦理问题的，应是加强推动对技术的创新和改革，依靠技术的事前保护，严格监控事中和事后，能够从技术的层面提升数据安全性的管控。

要创设健全的监管体制，提高顶层设计，完善大数据发展，建设大数据产业生态环境及制定技术发展目标、对大数据核心技术进行突破性规划。同时，要规范数据信息分类保护法，强化对个人隐私的保护。要加强行业的自律水平，以及对从业人员数据伦理准则和道德责任的教育培训。随着进入大数据时代，人们认同大数据开放的共享价值，隐私意识逐渐淡化，通过各种在互联网上的“晒”来表达个人的情感需求。另外，要重新认知隐私领域，更加契合开放式的大数据技术发展环境，做到真正的有效保护，也希望在此过程中人们的网络素养能够得到不断的提高，最终逐步消除数据鸿沟。

从上述观点中可以看出，大数据伦理问题是应该加以关注的问题，由于大数据应用具有很大商业价值，是未来社会中非常重要的商业活动领域，所以，有关伦理问题的思考和防范就显得非常有必要。可以感到，目前政府相关部门已开始对这方面的规范管理问题进行思考，并已着手制度的建设了。

第四节　吕不韦的转型和他的《吕氏春秋》

战国末年的卫国商人、思想家、政治家，曾出任秦国丞相的吕不韦早年在阳翟地区经商，逐步累积起千万家产，成为当时的大富商。在赵国时，吕不韦遇见了作为人质被质于赵国的秦太子安国君的庶出儿子异人。当时异人的财用并不富足，生活处于困窘之境。吕不韦却认为异人就似一件奇货，可囤积居奇、待等价高时出售，于是在和父亲商量后返回邯郸说服异人。吕不韦拿出了500金给异人，作为异人在赵国日常生活及各类交际所用，吕不韦自己也带了很多珍奇贵物去秦国游说。他在秦国先从华阳夫人的弟弟阳泉君入手，分析了各种利害关系，获得了华阳夫人的信赖并接受了自己兄弟的劝告，最终接受异人拜其为母。

吕不韦成功助异人成为秦庄襄王后，自己也被封为丞相、封文信侯，并为秦国兼并六国做出了不可磨灭的贡献。秦庄襄王去世后，太子政继位，吕不韦被尊称为“仲父”，一时权倾天下。后受到嫪毐的牵连，吕不韦被罢相赶往封地，后害怕被杀他饮鸩自尽。

做为一名商人，吕不韦能想到通过“拥君建国”来谋利，可见其眼界、胆量、手段的过人之处。他的初衷自然是出于谋取私利，但是这并不能否认其胆识和能力，以及其超越商业的抱负。从吕不韦的谋利思路可以看出，当年游走于各国的商人是非常关注各国国情的。如果不了解秦国王室之内幕，吕氏将无从进行路径设计。此外，在对人性与金钱的认知上，也能看出一个商人的精明，而他所具有的得失利害分析之口才，更能显示出商人的口舌之功。这些也都能看出乱世之时的商人，其能力及手段并不一定等同于其低下的政治地位，最终吕不韦也确实超脱了商人的身份，将自己转型成了执掌国家大权的政治家。由此可见，从商之人也并非全是短视唯眼前小利是图之辈。

孔子门生子贡，更是中国历史上杰出的儒商代表性人物。他办事通达、能力过人，被孔子誉为“瑚琏之器”，而且他还是著名的外交家。当时诸侯争霸，齐国欲攻打鲁国，为了祖国，孔子召集弟子寻求救国之策，先有子路请求出来办理该事，孔子不许，后有子张、子石请求出使，孔子也不同意，最后子贡请求出使，孔子立即同意，于是子贡出使齐国。应该说孔子对众弟子的判断非常准确，在子贡先后出使了齐国、吴国、越国和晋国之后，最终使得吴国出兵打败齐国后因进攻晋国而战败，越王勾践乘机灭了吴国，一雪前耻。子贡仅凭过人的才思和口舌保全了鲁国，改变了齐、晋两国的战略，使越国兴起，而吴国被灭。这是以一己之力改变了春秋五国国运的“乾坤大招”，而此时子贡只不过是一位商人加儒生而已，由此可见一代“儒商”的见识和力量。作为商人，除赚钱营利之外，还应具有一定的社会责任感及家国情怀。

两千多年前的秦国是重农轻商的，商人的社会及政治地位很低下，商业被认为是末业，社会普遍认为商人多是唯利是图的小人，其道德伦理也被认为是低下的。吕不韦在执掌秦国相位之后，并不仅做治国理政、忙于聚财的事情。他还想到了著书立传的“千秋大业”，这个“大业”既有秦国的、嬴政的，更有他个人的。为编撰一部集众家之说的大书——《吕氏春秋》，吕不韦集合了众多门客开始一起进行该书的编撰工作。

《吕氏春秋》以道家理论为背景，以儒家学说为主干，以实现封建中央集权政治为宗旨的，集名、法、墨、农、兵、纵横、阴阳家等多家思想学说为素材，是一部分融会诸子百家之说于一体的杂家思想著作。全书共160篇，内容驳杂，主要将先秦诸子的思想进行了总结性批判。对于百家思想，该书认为“老聃贵柔，孔子贵仁，墨翟贵廉，关尹贵清，子列子贵虚，陈骈贵齐，阳生贵己，孙膑贵势，王廖贵先，儿良贵后”。看得出来，

《吕氏春秋》在融合各家学说的同时，力求以新代旧。

关于吕不韦组织人力编撰《吕氏春秋》这部巨著的原因，至今各种说法都有。吕不韦原本商人出身，当年只是因散尽家财帮助在赵国作为人质的秦庄襄王走上王位，而被任命为秦国丞相的。那个时代，魏有信陵君，楚有春申君，赵有平原君，齐有孟长君，名扬四海的他们都是以礼贤下士、结交宾客而著称。在这个方面，吕不韦认为秦国如此强大，而且即将一统天下，却在吸引天下贤才及招揽众多文士方面，远远落后于其他几国，这是一件令人难堪的事儿。所以他也要招来更多的贤人、能士，并给他们优厚的待遇，以形成可以与上述四公子抗衡的局面。一时间，其门下食客达到了 3000 人。

吕不韦招揽门客时特别注重所选门客的文化水平及其文采，在战乱不断的年代，这一点是非常与众不同的。这其中主要原因是，一方面他向来善用谋略，尊重有文化水平的人，对于那些头脑简单的勇夫很是不屑；另一方面，秦国当时军力已经很强大，他认为没有必要再去搜集各处的勇夫，但如果能凝聚天下诸多文才，则可为其著书立说，彻底摆脱唯利商人的形象，并消除骨子里的自卑。另外，著书还能立名，未来还将广为流传，不但可以当世就闻名天下，更可传之后世，最终青史永垂。兴许这一点才是吕不韦最看重并追求的。前面介绍过，商人出身的吕不韦其短板就在于商人的政治地位较为低下，而当时文人贤士的社会地位则是很高的。除王公贵族外，当时社会分为士、农、工、商四个层次，士处在最上层，商则处在最下层。士也占据着社会文化的高点，具有社会道德伦理的话语权，也是社会文化知识及道德伦理的化身。获得权财之后的吕不韦非常需要文化的光环，而且一直处在中原文化边缘的秦国也需要打造文化的吸引力。所以，吕不韦有必要将自己和秦国，在文化道德领域上提升至高位，从而为其一统天下提供文化的及道德伦理的依据。

《吕氏春秋》中有“天行不信，不能成岁；地行不信，草木不大”，“天地之大，四时之化，而犹不能以不信成物，又况乎人事？”之说，即倡导商人就应具诚信、公平的商业道德，也是在通过著书来宣扬自己的商业伦理观。可见即使是在两千多年前，从商之人已认识到诚信、伦理的重要性。另外，书中还要求商人在买卖中对度量衡严格检查，要统一其度量、平正其衡器、校正其重量、整齐其容器，以促成商人公平买卖的道德自律。这也说明即使是贵为一代权相、富豪也有标榜道德、宣扬诚信、强调公正的需要。这中间一方面是自身文化等级追求的需要，另一方面也是对自己道德伦理名声褒扬的需要。而且，吕不韦知道，只有占据道德的高度才具有了执掌天下权柄、拥有巨额财富的正义性。拥有道德伦理的人生才是真正完美的人生，这就是哪怕是已登上皇帝之位的帝王，也要宣称自己是“奉天承运”的道理。同理，一切商业活动的逻辑都一样，具有商业伦理才能拥有财富的“护身符”，这是商业伦理作用于商人的终极力量。

《吕氏春秋》反映出了一代商业巨子在获得权力和财富之后的更高追求，这是精神的追求，也是对文化的追求。吕不韦并没有像其他众多权贵那样去追求更多的享乐生活，或者去追求长生不老的仙丹妙药，他展现给世人的是商人的精神世界并不都是金钱与财富，也并不都是唯利是图的算计。吕不韦之所以被称为杂家，就是因为在《吕氏春秋》里，似乎是百家具陈、各派具在，像是一家陈列诸子百家的百货商店、图书馆，而其中真正属于吕不韦自己的观点并不多。一方面是因为吕不韦毕竟是个商人，在自成一家的学术领域方面并不成熟，编撰工作也主要是由门客所为，他要的是成书的结果而已；另一方面也是商人兼容思想的反映。

商业逻辑推崇“通”与“变”，其内在逻辑是用万物而兴万利，而不是废万物而框自己，要尽可能地利用世间万物为己所用。做生意讲究四通八达的通畅和为人的通达，所谓生意兴隆通四海，提倡“和气生财”，不轻易树敌。

此外，从博弈学的角度来看，商业的近亲是军事，它们的运用也是在博弈之中。首先，这类博弈要么事关身家的切身利益，要么事关性命的拼死一搏，都是攸关身家性命的博弈，都属于实践至上的人类活动。它们所依赖的是随机应变的灵活思维，而非僵化的教条，因为局势多变，商机和战机一样稍纵即逝；其次，两者都有保密的需要，军事机密和商业机密一旦泄密则后患无穷；再次，两种博弈中都需要胆识，因为商业和军事行动在决策时都没有 100% 的把握，都要求决策者有过人的胆识；还有就是两者都高度追求效率，有兵贵神速与效率就是生命之说，没有效率的企业是无法生存于市场的；最后，无论大小，两者都是群体之间的博弈，都需要科学的管理，许多企业的成功，都或多或少借鉴了军队的管理经验。

第五节　价值共生的商业伦理

一、世界多样性的必然性

我们生活在一个五彩斑斓的世界里，地球生物的多样性更是远超人类的想象，据统计，至今为止人类已发现的动物种类就有 300 多万种，植物种类则有 700 多万种，再加上尚未被人类发现的，目前地球上共有约 3000 万个物种。然而，让人难以想象的是，这些看起来已经是非常庞大的物种数量仅是地球上曾经出现过的物种数量的 1%，如果再算上每一物种的生命数量，这是一个什么样数量的概念啊。

种类繁多的生命的出现，是大自然的伟大奇迹，同时也是生命体能够出现和赖以维系的最大依托，正是由于具有了如此庞大的生命物种，通过它们之间建立起来的环环相扣的生命关系，才使得生命的生存及进化成为可能，任何一种生命体的产生和生存都有赖于其他生命体的支持和互动，人类也毫不例外。例如，如果没有众多植物的光合作用，我们每时每刻所依赖的氧气就无从产生，大量动物呼出的二氧化碳也将无法处理。人类赖以生存的食物更要依赖可食物种的存在，而这些物种又依赖于食用或吸收其他物种的养分而生存。甚至，我们体内的微生物一旦消失，人类就将无法存活。万物都相连在一个共生共存的生物链中，与其他物种共生是人类必须明白并牢记的自然法则。1992 年 6 月，联合国环境规划署牵头各国共同签署了《生物多样性公约》，将保护物种多样性纳入了全人类都应该遵守的世界公约中。人类终于开始明白如果一味地追求自身的利益而不顾及其他物种的生存需要，就会使得许多物种被迫消亡，这种结果会破坏原本平衡的自然生态。多样性是自然界的必然需求，人们不应该去改变必然性的规则，并且物种的灭绝又是一件不可逆的生态灾难，最终将危及人类自身的生存。

这些都在向我们表明多样性是世界的本真所在，无论我们出于何种考虑，尊重多样性是顺应自然的必然选择，因此我们要建立起共生的理念。有人说真正的商人是最讲道理的，因为买卖本身就是双方的自愿行为，在这类商人看来，一切需要其商品的人都是其潜在的客户，这无关对方的年龄、性别，或来自何方及种族肤色等的区别，只要给得起钱都能成交。从商人对交易方的称谓也能看出尊重的意味，“客户”“顾客”的称谓本身就带有尊敬的意思，“顾客是上帝”的说法也是这类商人的经营理念，“和气生财”始终是必须遵循的商业智慧。强买强卖乃霸凌行为，短斤少两乃偷窃行为，这些都是不正常的商业逻辑。所谓真正的商人指的是具有商业伦理的商人，商业伦理在这里所揭示的商业逻辑是生意就是生意，不管顾客是谁你都要欣然接待，要学会理解和包容，要善待你的顾客，要让你和你的商品一样成为别人的需求，要让别人愿意和你交易，要让你的顾客感受到你的温度。同时，一定要在意你和你的顾客之间的共生，一定要具有追求共生的理念，这才是商业智慧的表现。这种逻辑关系也适用于企业及其利益相关方之间的关系，或许慢慢品味此间的韵味，才会有一番感受和收获。

此外，商人也是极为务实的，除垄断外，绝大多数商家都会面临与其他竞争者共同拥有的市场。也许这是让所有竞争者都不愉悦的现实，但正是因为有了这种现实，绝大多数商家才能够生存下来，因为并不是所有人都有垄断的能力，而且所有行业都出现垄断经营是有悖市场本意的，事实上也是不可能的事。所以，绝大多数的商人都要学会如何在竞争中生存和发展，商业伦理就是商人正确认识及应对竞争的“哲学手册”，因为它教导我们要接受商业的共生原则，要懂得共生的价值和法则，要明白并接受“有饭大家吃”的商业哲理。从商业“食物链”上看，只有当你的顾客赚到钱有了购买力后，你才可能赚到钱。

当然商业伦理绝不是迂腐的说教，因为市场竞争本身就是激烈和残酷的，现实中各种竞争招数必然也是层出不穷的，这里面就难免有许多不正当的竞争手段，这是社会中始终存在的“恶”的现实。对于这些不道德甚至违法的行为，商业伦理本身是决不接受的，更不可能是逆来顺受的。道德伦理并不排斥对非道德行为的防范及打击，而且还在提醒我们要善用法律及伦理的力量。在前面章节里介绍的福耀集团案例中，当黄姓副董事长出现贪污行为时，曹德旺采用的应对方法就是非常经典的示范，他冷静从容应对的背后就是商业智慧的力量，而隐含在商业智慧之内的则是道德和法律的支撑。俗话说做贼心虚，凡是违背道德伦理和法律的行为都是经不起曝光的，更是经不起法律及舆论考问的。在前面关于舆论力量的章节中也能感到道德舆论并不是软绵绵的呻吟，它同样有着巨大的无形的力量。建立共生的商业理念绝不是对不道德行为的纵容和回避，共生指的是与合理的利益关切的共生，是与正确的价值观的共生。

所以，世界的多样性告诉我们，要欣然接受世界的多样性，要懂得分享的真谛，而不是追求“独食”的贪念。共生是商业活动必须遵循的原则，买卖交易的核心逻辑就是双赢。双赢的真意并不单指获得多少利益，更为准确的表述是使双方的合理需求都得到满足。懂得适度的利益让渡才是商业的生存之道。

专栏 5-3

小米的普惠文化

在市场经济中，每家企业都会有自己的经营理念与竞争力，否则迟早会被市场的竞争淘汰出局。企业的经营理念主要是围绕着各自的客户需求而产生和调整的，从商业原理上看，只要是符合客户需求的理念就是合适的经营思路和方式，因为这就是企业能够获利的基本逻辑。然而值得注意的是，客户需求并不像表面看上去那么简单直白，所谓需求往往只是一种目前的现象而已，而不是真实需求的核心。需求也不并是一个静态的永恒。只有透过现象看本质，才能抓住市场的关键点，从而找准自己的市场定位，形成企业的竞争优势。

小米公司的市场定位就体现了该公司自身的价值理念，它的价值观就是为客户提供快捷高质的服务。人们从小米的产品外观和质感都能感受到某国际知名品牌的神韵，然而小米产品的价格却是非常接地气的，它使众多的年轻人能够在自己承受得起的消费能力内，享受到优质产品带来的品质感及功能。小米市场经营的核心思想就是提供高性价比的产品，生产让年轻人买得起的时尚产品，如把小米手机的产品净利润率设定在5%，从而使品质消费的门槛大大地降低，产品性价比的优势就此设定成型。随着小米产品良好的用户体验的积累，加上产品功能的优秀及强大，高性价比这一消费的内在逻辑最终战胜了单一的虚荣需求，毕竟产品质量与功能才是品牌的核心价值，小米也终于拥有了自己独有的市场地位。

今天的小米已经拥有了自己忠实的品牌用户群，让众多消费者动心的就是小米产品厚道的价格，从过往的逻辑来看，小米完全可以将产品的价格进行必要的上调，因为当年某国际大品牌还在通过“饥饿营销”的逻辑来左右市场的价格和供给，面对这种大企业的强势地位，广大消费者也只能是无奈地等待。似乎追求利润最大化就是企业的商业逻辑，买卖双方始终是一组商业博弈的关系。在小米的营销理念里首先就是能够舍得放弃高利润的诱惑，坚持通过高性价比来打开市场需求的门。或许有人认为这是刚进入市场的企业无奈的选择，然而时至今日小米依然坚持适度的定价原则，它的产品风格依然是时尚清新，产品的品质也依然追求着完美。这都说明懂得消费者的心理和需求的商家才是成熟的商家，适度的让利才是小米深层次的商业逻辑，这里面既有商业的战略，也有创始人的道德思考。小米公司的“得”是建立在“舍”之后的必然结果，因为消费者心里始终是有杆秤的，懂得共生逻辑的企业也一定会与市场共生。

（资料来源：笔者根据多方资料整理而成）

案例启示：

小米公司的经营理念是普惠文化的商业代表，这种商业文化理念是与许多国际商家截然不同的，一般商业逻辑都是尽可能地、快速地获取更多的利益，甚至将产品的技术选项排列起来，变成所谓不断更新的产品形式推出，进而最大限度地创造市场需求，从中吸取更多、更长久的利益。也许现在还很难判定这种做法是否属于符合商业伦理的行为，但可以明确的是，小米的经营理念一定是对消费者有利的，从商业伦理的层面来看，这种行为肯定是值得提倡的共生理念。

二、商业深处的利他逻辑

在本书的开篇中我们就提到了商业的利己属性，商人们追求利润的动机及其过程确实是出于对自身利益的追求。从具体的经营形式上看，无论商人们是从事简单的个体经营，还是通过先成立公司这样的商业组织，然后招聘了众多的企业员工，再利用组织企业的经营活动来实现商品及服务的交易，他们的初衷都是为了获得自身的商业利益。即使在此期间可能会出现许多看上去带有利他性的行为和利益让渡，但其最终目的也还是获得更大的自身利益。西方古典经济学的杰出代表亚当·斯密在《国富论》中就有这方面的经典论述。分析到这里，似乎商业的利己属性已经是确定无疑的了。

然而，如果我们从更深的商业逻辑来分析，就会发现这些利己性的结论都是停留在商业逻辑“浅水区”的思考，因为单靠利己的逻辑并不构成商业营利的必然。亚当·斯密在《国富论》中写过，为人们提供食物的动机完全是因为这些商人对自己利益的追求使然，这当然是正确的。但是，动机并不产生必然的营利结果，看看亚当·斯密对这些商人的称谓：屠户、酿酒商、面包师，这些称谓意味着这些商人都是具有专门技艺的从业者，而更为关键的是，这些技艺都是社会需要的技艺，他们能够获利的真正原因是因为他们从事施展这些技艺的劳动所产生出来的成果——食品是其他人愿意出钱购买的，人们花钱购买的是自己的需求，而不是提供者的动机。比方说一个人不管出于什么目的出来散步，都不会给他带来商业收益，因为散步不会给他人带来收益，所以别人不会愿意为此付钱。又比方说，如果一个人出来帮别人洗车，无论他的初衷是什么，这种劳动就可能给他带来收益，因为社会有这样的需求。这都说明人们行为的初衷都与是否能够赚到钱无关，动机并不是人们愿意付钱的原因，不能把动机和结果简单地画等号，因为它们本来就不是一回事。

在法律允许的范围内，日常生活里人们都会做许多利己之事，但这多数都不会带来利润，除非其中有些事情是利他的，他人为了获得这些利益而愿意进行利益交换，由此才可能带来利润和收益。正是由于商品及服务具有了利他性，而这些利他性又能够满足社会的现实需求，这些劳动付出才有可能带来收益，构成商业逻辑的核心是商业活动结果的利他性，而不是商人的动机。

从上述分析我们可以得出，人们从事商业活动的动机多数是出于利己的考虑，因为商业活动能够给人们带来利己的收益，但这只是人们从商的原因而不是产生收益的原因。真正决定商业能够带来利润的原因是商业活动的利他性，商业经营的秘笈就是利他性，商业活动的一切价值和逻辑都来源于它的利他性。值得注意的是，这种利他性对买卖双方都是成立的，推而广之，商业利他性的“功效”对所有利益相关方也都是适用的，因为所有人都是通过对他人有利来获取自身的回报的。由此可以得出，商业生命的“命门”就在于利他性的价值，而不是利己性的动机。

在搞清楚商业利他性的逻辑之后，我们就能更清晰地看出商业共生的必然性，因为只有在利他性中的“他”是真实存在的，利他性才有价值，而且这个“他”越多，对于提供利他性的一方而言，它的商业机会就越多，只有和众多的“他”共生在一起，利他性的提供方才有可能获得收益。同时，这些“他”也要有起码的支付能力，他们也需要有利益来源。所以，任何商人要想从顾客那里获取利润，就必须促使他的顾客先行获得金钱，或者说经营必须要找到有消费能力的需求，这才是商业经营的逻辑，这是一种共生的逻辑思维，这种思维也是商业伦理的要义所在。这就是资本主义经济逻辑与封建主义经济逻辑的区别，是资本家与地主的区别。封建时期的农本经济逻辑是将获得的财富囤积隐藏起来以备不虞，而不是利用财力去创造出更多的需求，进而从中获得更大的财富，这也是封建主义经济无法和资本主义经济相比拟的重要原因之一。

我们知道道德伦理的主要表现就是利他性的自我约束，商业伦理所提倡的就是通过利他来获得利己的共赢思想，从上述分析可以看出，这种伦理的要求也是非常契合商业逻辑的，只是目前仍有不少人还感悟不到此间真味。

三、伦理的价值共生

关于价值是什么的说法有许多种，但有一点是确定的，就是价值是属于认识论的概念，它的内在含义是如何来看待世间万物，无论价值思维起源于哪里，都会含有人们对事物的评判之意，它的评判会影响到人的选择。人的本能或理性、情感都会趋向于选择价值高的事物，这与人的利己本性相关。然而不同的人对同一事物的价值评判并不一定是一致的，这就涉及价值观的问题。价值观指的是人们认知事物、判定是非、做出抉择的思维活动与评价的观点，它对人们的动机和行为具有决定性的导向作用，因为它也是人的认知与需求的反映。所以，如果人们的价值观不一致，甚至是对立的，就不可能形成一个相互协作的群体，寻求价值观一致往往就成为人们建立相互联系的重要前提。

一方面，如果人们的价值观不一致，大家对事物的认知就会出现偏差，那么要想达成共识就会很困难，因为价值观就是人们大脑做出决断的最后“判官”，一旦这里出现了差异，就无从协调统一，更无从谈起如何共同去获取利益了。在本书前面章节的案例中就有类似的情况，如对是否开发治疗河盲症的药物这件事的选择，以及面对郑州市出现雨灾时该怎么做等事例都能看出，不同的观点及是非判断，导致的最终结果必将是截然不同的。在价值观不同的情况下，人们去追求共同的合作是很难想象的，正所谓“道不同，不相为谋”。

另一方面，价值观的不同是因为每个人的需求不同导致的。例如，一个人很困，马上想睡觉，另一个人则是很饿，急着去吃饭，那么这些人的需求和行为不一样，就很难一致行动。在现实的商业活动中，因需求不同而无法合作的案例也是常见的，如在选择工作时，每个人主要考虑的因素都会有所不同，像有人就是冲着钱去的、有人是因为离家近、有人是喜欢好的工作环境、有人是因为不需要常出差等，这都说明每个人的需求重点各有不同，人们常说的物以类聚，人以群分，这里面的聚散离合大多是因为需求不同所致的。

专栏 5-4

京东公司的核心价值观

刘强东对京东公司的经营逻辑曾经有过说明，就是以市场消费需求发展的趋势为导向，借助互联网技术来建立企业的经营模式。它是通过不断地降低企业运营成本，提高企业的运营效率来为消费者提供良好的消费体验，使消费者享受到优质的消费价值的，说到底就是回归商品零售的商业本质。京东公司过往的经营业绩也证明了市场对这种逻辑的认可。为了实现这个目的，就必须在企业内形成统一的价值观，并进行不断的完善和维护。

在《创京东——刘强东亲述创业之路》这本书里，就有对京东公司核心价值观的阐述。该书作者认为，组织成败的根本原因在于团队，而影响企业团队的关键是企业文化，文化中最重要的核心就是价值观，京东公司能够一路走来，靠的就是具有了正确的团队价值观。该书将京东公司的核心价值观归纳为以下六个方面。

一是诚信的商业伦理

一般企业经营者都明白诚信的重要性，然而坚持诚信的难处就在于当面临诚信与利益的选择时，人们是否还能坚守住诚信的底线。京东公司在早期创业时就面临着市场上假货泛滥的环境，而京东公司就能坚持做到不卖一片假光碟。

二是客户优先

京东公司的客户为先理念是把客户的消费体验放在评价体系的顶端，而许多企业是将控制企业交易风险放在首位。从企业经营的角度来看，后者是市场的习惯做法，也是市场的常态逻辑。而京东公司的客户为先理念则是属于超越现实的做法，这是对人性良知力量的信心。

三是激情的人生观

在京东公司的企业文化里，人生应该是具有激情的生命活动，激情背后则是人的信念与追求的力量。无论遇到怎样的困难，都要保持坚定的信念。

四是学习精神

永远的学习精神是不断前行、追求进步的必须，人的知识和智慧是通过学习获得的。京东公司由小到大的发展过程，也是一个不断学习的过程，刘强东认为他的企业管理能力也是在学习中获得的。

五是团队精神

京东公司的团队精神倡导“放弃自己，适应他人”，要做到这点首先是要摒弃以自我为中心的思想和行为，强调的是团结合作精神；其次是减少抱怨。抱怨情绪对团队绝对是有害的，怨天尤人的抱怨只会带来负面的情绪，它会产生内耗并影响企业肌体的健康，是必须清除的有害因素。

六是杜绝真正的浪费

企业在经营过程中成本意识是管理的要点，最大限度地控制和降低成本，是企业经营中永远的课题。在提高效率的同时，主要是要杜绝浪费。对浪费定义的正确判断是管理者正确的理念所致。浪费是指一切并非必须的开支和资源的闲置，包括对时间的浪费，但京东公司认为决不能采取降低员工待遇的方式来实现成本目标，因为员工必要的待遇是员工应得的部分，这是企业核心竞争力的必须，而不是什么浪费的成本支出。

（资料来源：笔者根据李志刚所著《创京东——刘强东亲述创业之路》整理而成）

案例启示：

本案例向我们展示了一家企业在创业成长过程中，其价值观的选择所起到的关键作用。京东公司不怕困难，团结协作、坚守诚信、勇往向前的精神支撑，并不是冲动的莽夫行为，而是具有正确的商业伦理支撑的信念。以客户需求和感受为导向的提法，就充满了“利他”的商道之意，它是一种与市场共生的商业哲理，坚守诚信也是商人们道德人生的正确选择，这才是商业对社会的伦理价值。

商业伦理除了追求经商有道之外，也特别强调共生、共赢的价值理念，共生的逻辑是商业活动不可或缺的准则。作为商人首先要有豁达的包容之心，要知晓任何人都会有需求，任何人都可能是你的顾客，要学会善待他人。除此之外，关键是还要明白自己能做什么，能否帮到他人，在满足他人需求之余自己能否获利，这是一个因果律的逻辑关系。商人还要有变通之识，所谓变则通，须知人无完人，焉可求全；物有所长，岂能随意废弃。商人的逻辑应该是万物皆可用，要因势利导。

共生的概念是一种相互依存的概念，价值共生指的是相互联系的价值生态，孤芳自赏的价值取向是不符合商业逻辑的。前面谈到了世界的多样性和商业的利他性，都在表明商业具有包容性、利他性的道德属性，商业伦理的价值观就含有推崇共生的价值理念。我们还可以从吕不韦组织撰写的《吕氏春秋》中感觉到，就算是执掌了国家大权，他也没有让人创造出吕氏学说来一统百家，更没有一味贬损各家，而是将各家学说进行整理评论。商人的思维逻辑始终要具有包容性，这也是共生理念的体现。

人类的商业活动会涉及方方面面的因素，这就需要有一个能够将它们统合在一起的力量，这种力量是要具有包容性的，各种因素就如同自我成型的“石块”，它们各自有着自己“形状”，要通过像水泥一样的黏合体将它们整合在一起，最终才能固化为牢固的混凝土，从而建成人类所需的各种高楼大厦。在商业领域，这种能够黏合“石块”的“混凝土”就是商业伦理。也许有人会说“混凝土”应该是金钱吧，大家好像都是为了金钱而聚的。这种看法是把目标当成了聚合物，因为这类行为是冲着有钱分而聚的，不管钱以什么名义出现，钱就是目标。钱确实具有极大的吸引力，但它并不能使被吸引的因素之间必然产生相互吸引力，许多情况下反倒是存在着互斥力，吸引力并不简单地等同于凝聚力，目标本身也不能等同于凝聚力，彼此之间的认同和信任才是具有凝聚力的。一支受金钱吸引而成的雇佣军与一支具有共同信仰的军队，他们的凝聚力及战斗力是不能等量齐观的。而且只是为了获得目标的分配权而走到一起的组织，带来的往往是内斗，因分配不均而引发的纠纷更是屡见不鲜。所以，资本中的金钱就好比混凝土中的水分，虽然水可以表面上把“石块”都淹没起来，但如果没有商业伦理这类“水泥”是不可能建立起牢固的整体的。在对商道的理解上，人类历史中确有许多成功的商人是看得很清楚的。

章末案例

陶朱公——范蠡

范蠡，字少伯，楚国宛地三户（今河南省南阳市淅川县滔河乡人），是我国春秋末期著名的政治谋略家、经济学家及商人，曾任越国的相国和上将军等，也是一位道家学者。他曾经谋划并辅助越王勾践复兴越国，在灭亡吴国之后自行隐退而去。

范蠡至今仍被人称为“商圣”，与早期的姜子牙，后期的张衡、张仲景、诸葛亮被誉为“南阳五圣”。范蠡虽出身贫寒，但凭着过人的天赋，拜师苦学，最终文武双全，博学识广。他与另一位名臣文仲相识、相交甚深，两人均反感当时楚国的政治环境，于是范蠡散尽家财，与文仲一起到了越国。他出谋划策助越王勾践复兴越国，最终灭亡了吴国，报了当年战败于会稽之仇，也彻底为勾践雪去异国为奴之耻。他促成了越王勾践的春秋霸业，之后被封为了上将军。

范蠡曾经师从计然。计然是春秋时期著名的思想家、战略家和经济学家。计然不是一个真实的姓名，只是反映出他精于算计和运筹的过人能力。据说他是老子的弟子，博学多才、无所不通，尤长于计算。司马迁在《史记·货殖列传》中就有范蠡拜计然为师的记载。他向范蠡传授了货如轮转、贱入贵出、“旱舟水车”等商业辩证哲学思想，共有七策。范蠡只用了其中的五策，就使越国富足强盛起来了。

范蠡为越王勾践切身谋划，随行受苦了20余年，确属劳苦功高。当越王称霸天下之后，范蠡自然被重用，但他深以为盛名之下不宜久居，这是他具有道家思想的一种逻辑思考，也是他远超常人之处。因为据他对越王勾践的多年观察，认为勾践为人可与共患难，却难以同富贵。他曾试图说服文仲一起离去，然而文仲认为他多虑了。随后他向勾践提出辞官：“臣闻主忧臣劳，主辱臣死。昔者君王辱于会稽，所以不死，为此事也。今即以雪耻，臣请从会稽之诛。”勾践曰：“孤将与子分国而有之，不然，将加诛于子。”范蠡曰：“君行令，臣行意。”乃不顾越王请他留下来的表示，私下带上轻便的珠玉珍宝，轻装与愿意同走的随行人员乘船浮海出走，并决心不再返回。此后，在得知范蠡已出走之后，越王勾践仍形式上将会稽山封为范蠡的奉邑之地。

范蠡走海路来到了齐国，隐姓埋名，将自己的名字改为鸱夷子皮，在海边开垦荒地，亦农亦商、吃苦流汗地干，没用多久，就致产数十万，从而致富。齐国人听闻到他的贤名，请他出任相位。范蠡喟然叹曰："居家则至千金，居官则至卿相，此布衣之极也。久受尊名，不详。"于是归还相印，散尽其家财，将财产分给认识的朋友及四周邻居，再次怀揣着重要的财宝，人不知鬼不觉地离开齐国，最终来到了陶丘（今山东省菏泽市定陶区南）。他认为此地位于天下的中间位置，做买卖交易可以获四通八达之利，在这里生活是可以致富的，于是自称为"陶朱公"，带领家人重新开始耕作养畜，根据天时买卖物品，只求10%的利润。不久，再次积聚财富巨万。

（资料来源：笔者根据多方资料整理而成）

案例启示：

范蠡从政经商皆获成功，从中可以看出他具有很高的哲学智慧。第一是看得清事物变化的大势，在功劳卓著、位居高官时能知进退。第二是具有顺势做为的能力，能够仰观时令天时，俯查世间民需，贱入贵出，薄利多销，顺应自然，候机随动，精明投资屡成富豪。第三是懂得在强权左右久居高位、久据巨财必会不详之理，三次散财就是明白取舍之间的道理。

除了其经商才能过人之外，更为关键的是他明白金钱到底是什么。从他聚财、散财之收放自如，可以推测其在经商和投资中，必然是非常善于驾驭金钱，而不被金钱所奴役。短期内就能聚积财富，可见其交易量之大，交易人缘自然也是良好的。只有商家们认为与其交易是公平的，才会有大量持续的交易。可以想象他必是以诚信为本，与人为善居多。这一切都能看出范蠡深明"商道"。

本章小结

本章阐述了对社会而言企业存在的价值是什么，赚钱多的企业是否就是优秀的企业，而这些评价的标准是要由社会来给出的。本章还讨论了在未来经济社会中商业伦理可能面临的问题，除技术进步带来的新问题之外，其主导因素始终是人，商人拥有什么样的商业品行，就决定着在商业活动中持有何等的伦理取向。我们不知道人类自限性的“玻璃天花板”在哪里，也就无法清晰地设定未来商业伦理的目标，但提出讨论及展开设想是非常有必要的，因为那里将决定着人类社会的发展上限。

何为成功的商人？相对于巨额的财富，人类的生理需求是有限的，真正难以满足的是人的精神需求。何为“大商”？什么样的精神需求是高级的、高尚的？这也是体现商人群体精神“含金量”的一面“镜子”。希望本章的案例讨论能有助于大家的思考。

然而，更重要的是要明白商业的内在逻辑和商业伦理的价值取向。通过本章的分析可知，隐含在商业活动“深水区”的是商业固有的利他性，所谓利己的说法也只是对商业活动动机而言，而非商业营利的逻辑，利他性才是商业营利的决定因素。同时，我们也能得出价值共生才是商业伦理的价值取向，与各利益相关方的相互依赖是商业活动存在必须的结论。

参考文献

[1] 安德鲁·威克斯，爱德华·弗里曼，帕特里夏·沃哈尼，等. 商业伦理学管理方法［M］. 马凌远，张云娜，王锦红，译. 北京：清华大学出版社，2015.

[2] 查尔斯·达尔文. 物种起源［M］. 韩安，韩乐理，译. 北京：新星出版社，2020.

[3] 戴圣. 四书五经——礼记·乐记［M］. 胡平生，张萌，译. 北京：中华书局，2016.

[4] 稻盛和夫. 阿米巴经营［M］. 陈忠，曹岫云，译. 北京：中国大百科全书出版社，2015.

[5] 冯友兰. 中国哲学简史［M］. 北京：北京大学出版社，2020.

[6] 姬昌. 四书五经——周易［M］. 杨天才，张善文，译. 北京：中华书局，2016.

[7] 纪良纲. 商业伦理学［M］. 2版. 北京：中国人民大学出版社，2011.

[8] 孔子. 四书五经——论语·述而［M］. 陈晓芬，徐儒宗，译. 北京：

中华书局，2016.
[9] 孔子. 四书五经——论语·为政［M］. 陈晓芬，徐儒宗，译. 北京：中华书局，2016.
[10] 孔子. 四书五经——论语·卫灵公［M］. 陈晓芬，徐儒宗，译. 北京：中华书局，2016.
[11] 老子. 道德经［M］. 张景，张松辉，译. 北京：中华书局，2021.
[12] 李宝嘉. 官场现形记［M］. 北京：中华书局，2019.
[13] 李志刚. 创京东——刘强东亲述创业之路［M］. 北京：中信出版集团，2018.
[14] 刘爱军，钟尉，等. 商业伦理学［M］. 北京：机械工业出版社，2020.
[15] 罗贯中. 三国演义［M］. 北京：人民文学出版社，2019.
[16] 马克·吐温. 百万英镑［M］. 张友松，译. 北京：作家出版社，2015.
[17] 迈克尔·桑德尔. 公正该如何做是好［M］. 朱慧玲，译. 北京：中信出版社，2021.
[18] 迈克尔·桑德尔. 金钱不能买什么［M］. 邓正来，译. 北京：中信出版社，2021.
[19] 曼纽尔·贝拉斯克斯. 商业伦理概念与案例［M］. 刘刚，张泠然，程熙镕，译. 北京：中国人民大学出版社，2020.
[20] 孟子. 四书五经——孟子［M］. 方勇，译. 北京：中华书局，2016.
[21] 孟子. 四书五经——孟子·告子上［M］. 方勇，译. 北京：中华书局，2016.

[22] 孟子．四书五经——孟子·公孙丑上［M］．方勇，译．北京：中华书局，2016．

[23] 尼采．论道德的谱系［M］．赵千帆，译．北京：商务印书馆，2018．

[24] 司马迁．史记·货殖列传［M］．韩兆琦，译．北京：中华书局，2013．

[25] 司马迁．史记·孟子荀卿列传［M］．韩兆琦，译．北京：中华书局，2015．

[26] 梯利，伍德．西方哲学史［M］．葛力，译．北京：商务印书馆，1995．

[27] 吴敬梓．儒林外史［M］．北京：中国文联出版社，2016．

[28] 许慎．说文解字［M］．汤可敬，译．北京：中华书局，2018．

[29] 亚当·斯密．道德情操论［M］．李嘉俊，译．北京：台海出版社，2016．

[30] 亚当·斯密．国富论［M］．冉明志，译．北京：台海出版社，2016．

[31] 杨雪．陆游诗词集［M］．南京：江苏凤凰文艺出版社，2020．

[32] 佚名．管子·君臣上［M］．李山，轩新丽，译．北京：中华书局，2019．

[33] 佚名．管子·牧民［M］．李山，轩新丽，译．北京：中华书局，2019．

[34] 佚名．管子·小匡［M］．李山，轩新丽，译．北京：中华书局，2019．

[35] 佚名．吕氏春秋［M］．陆玖，译．北京：中华书局，2011．

[36] 佚名．商君书［M］．石磊，译．北京：中华书局，2018．

[37] 佚名. 四书五经——中庸［M］. 陈晓芬，徐儒宗，译. 北京：中华书局，2016.

[38] 佚名. 荀子·性恶［M］. 方勇，李波，译. 北京：中华书局，2011.